기분좋은생각습관

기분좋은생각습관

•

초판1쇄 인쇄 2017년 11월20일 / 초판1쇄 발행 2017년 11월30일

지은이 Tommy Luck
발행인 김종욱
발행처 기분좋은생각
등록번호 출판등록 제 2017-000013호 2017년 11월 9일
주소 부산시 동래구 여고북로23번길 42, 303호
이메일 rbdream@naver.com
디자인·편집 노은경

•

이 책 내용의 일부 또는 전부를 재사용하려면 반드시 원저작자의 동의를 받아야 합니다.
『기분좋은생각』의 사전 동의 없는 전재, 무단 복제를 금합니다.
파본은 구입하신 서점에서 바꿔드립니다.

값 12,000원
ISBN 979-11-962355-0-5 03320

기분좋은생각습관

목차

퀘스트

1. 경쾌하게 걸어보세요.

2. 신나는 음악이 크게 나오는 술집에 가보세요.

3. 실패는 없다고 생각해보세요.

4. 하기 싫은 일은 억지로 하지 마십시오.

5. 누군가가 부탁을 했을 때 정중하게 거절해 보세요.

6. 나를 부당하게 대하는 사람이 하는
   안 좋은 말을 칭찬으로 들어보세요.

7. 신선한 과일 주스 100%를 마셔보세요.

8. 의도하지 않게 들려오는 음악을 나를 위한
   짧은 공연이라고 생각해보세요.

9. 약속장소에 일찍 도착하거나 상대방이 늦어 생기는 시간은
   선물이라고 생각해보세요.

10. 몸이 좀 피곤하다고 느껴지면 누워서 쉬어보세요.

11. 하루를 시작하거나 새로운 시간 단위로 들어가기 전에
    "나는 내가 원하는 것, 좋아하는 것들만 보고, 듣고, 말하고,
    생각하고, 느끼며 받아들이겠다" 라고 말하거나 생각해보세요.

12. 이기주의를 인정해보세요.

13. 개인적인 SNS, 메일, 질문 등에 대답을 기대하지 말아보세요.

14. 내일의 할 일이라는 목록에 '그냥 마음대로 놀기'라고 써보세요.

15. 손으로 자신의 가슴을 두드리며 '잘하고 있다'
    토닥토닥 응원해보세요.

16. '난 운이 좋다'고 말해보세요.

17. 다른 사람으로부터 말도 안되거나 나쁜 이야기를 들었을 때 "그럴 수 도 있겠네"로 인정하고 대화해보세요.

18. 원하는 것을 쓰고 읽어보세요.

19. 칫솔질을 하는 거울에 좋아하는 문구를 적은 메모지를 붙여두세요.

20. 당신이 원하는 헤어스타일을 유지해 보세요.

21. 그냥 미소 지어본다, 자주.

22. 아침에 일찍 일어나서 자신만을 위한 시간을 여섯 가지 형태(6기법)로 가져보세요.

23. 굿 뉴스 전달자가 되어보세요.

24. 주는 기쁨을 느껴보세요.

25. 날씨가 화창할 때는 하늘을 보며 기뻐해보자.

26. 기분 좋았던 일을 다시 생각해봅시다.

27. 다른 사람과 의견이 다를 경우에도 "그렇게 생각할 수 있다"고 인정해보세요.

28. TV 뉴스를 보지 말고 살아보세요.

29. 기분이 좋아지는 음악을 들어보세요.

30. 연애 감정을 적당히 가져보세요.

31. 마음에 드는 운동을 해보십시오.

32. 나만의 공간을 정리해 보십시오.

33. 나만의 보물지도를 만들어라

34. 새로운 구간 경험의 시간으로 들어가기 전에 의도해 보십시오.

35. 모든 것에 긍정을 예상하고 기대하라.

36. 지금도 충분히 잘하고 있고 괜찮다고 자신을 응원해 보십시오.

37. 내가 좋아하는 옷을 입어보세요.

38. 자신이 쓴 SNS의 글에 스스로 좋아요 나 웃음마크를 붙여보세요.

39. 술은 즐겁게 적당히

40. 어릴 적 소망을 기억해보고 해보십시오.

41. 대화 중에 박수를 쳐 보세요.

42. 누군가를 만나자 말자 무슨 칭찬을 할까 생각해 보십시오.

43. 내가 좋아하는 자연의 풍경에 종종 노출되어 보세요.

44. 음악을 듣다가 신이 나면 볼륨을 높이고 가볍게 춤을 춰보세요.

45. 지갑에 고액 지폐를 하나 정도 넣어 다니며 즐거운 마음 쇼핑을 하라

46. 그냥 "기분좋은생각습관" 을 생각하거나 말해보세요.

47. 지나가다 본 어떤 것에서 그것을 좋아하는 사람을 생각해보세요.

48. 당신이 방문한 가게의 점원이 잘 응대 해주고 미소까지 짓는다면 웃으며 "친절하게 이야기 해줘서 고맙습니다."라고 말해주세요.

49. 좋아하는 신발을 깨끗하게 신어보세요.

50. 밝은 색 옷을 입어보세요.

51. 가끔 음식점에 가서 가격표를 보지 말고 오로지
'나의 먹고 싶음'을 기준으로 주문해서 먹어보세요.

52. '싫다' 라는 말을 하면 지는 게임을 한다고 생각해보세요.

53. 관계에서 자신의 만족을 좀 더 우선시 해보세요.

54. 잠들기 전에 누워서 마음대로 원하고 즐거운 상상을 해보세요.

55. 사랑하는 사람과 손을 잡고 걸어보세요.

56. 거울을 보고 웃어보세요.

57. 기분좋은생각이 도저히 들지 않을 정도로 고민이 되거나
머리가 아프면 잠을 자보세요.

58. 온라인으로 주문한 상품이 배송이 늦어지면 선물 받기 전의
즐거운 기분을 연장 시켜주었다 생각해보세요.

59. 마음에 드는 책을 한 권 들고 다녀보세요.

60. 하기 싫은 일은 억지로 하지 마십시오.

61. 좋아하는 신발을 깨끗하게 신어보세요.

62. 가족에게 '고마워' 하고 말해보세요.

63. 아침에 눈을 뜨자 마자 주어진 하루의 시작에 감사하세요.

64. 지난 편지나 카드를 한번 다시보세요.

65. 지갑을 새로 구입해보세요.

66. 싫어하는 사람의 성공과 행복을 빌어주세요.

67. 좋은 스케줄은 길게 쓰고 싫은 일은 짧게 쓰세요.

68. 매일 목욕을 해보세요.

69. 운전면허증 사진을 웃는 모습으로 해보세요.

70. 여유롭고 편안하게 살 수 있다고 생각해보세요.

71. 운동을 할 때 좋아하는 문구를 되뇌면서 해보세요.

72. 당신의 말과 행동, 생각이 언제든지 일부 또는 전부가 누군가에게 부정당하거나 비판 받을 수 있다고 생각해보세요.

73. 다른 사람에게 인정받으려 하지 마세요.
누군가에게 인정 받는다는 것은 정말 기쁜일 입니다.

74. 자신이 좋아하는 물건을 하나 정도 가지고 다녀보세요.

75. 자신을 사랑하세요.

76. 엘리베이터에 혼자 있고 거울이 있거나 내 모습이 선명하게 비치면 손짓과 함께 바라보면서 "너는 무엇이든 할 수 있고 너에겐 그럴만한 자격이 있다" 라고 말해보세요.

77. 해변에 가서 누워서 바다를 바라보세요.

78. 잘 때 클래식이나 가사가 없는 음악을 들어보세요.

79. 잠자리에 누워서 보이는 천장에 기분이 좋아지는 사진을 붙여보세요.

80. 헤어샵에 가서 내가 원하는 대로 머리카락을 자르거나 염색, 펌을 해보세요.

81. 어떤 생각을 하다 기분이 좋아지면 그 내용을 기록해두세요.

82. 당신이 어떤 것이든 매일 하는 것이 있다면 그것을 잘 하고 있다고 스스로를 칭찬해보세요.

83. 다수의 의견도 틀릴 때가 많다고 생각해 보세요.

84. 물은 항상 근처에 두고 조금씩 마셔보세요

85. 맥도널드에 가서 먹고 싶은 데로 마음껏 먹어보세요.

86. 선글라스를 하고 태양을 바라보며 윙크해보세요.

87. 참지 말아 보세요.

88. 화장실 변기에 앉을 때마다 책을 1페이지만 읽어보세요.

89. 자신에게 이야기 해보세요.

90. 지금 '기분 좋다' 생각해보세요.

91. 실패하기가 너무나 어려운 목표를 정해보세요.

기분좋은생각습관

1. 생각은 초대장이다

2. 감정이 생각의 표현이다.

3. 무슨 생각을 해야 할까?

4. 원하는 것의 생각은 저축도 가능하다.

5. 생각도 성장 한다.

6. 왜 내가 원하는 것에 대해 생각을 해야 하나?

7. 부정적인 감정에 감사하자

8. 다른 사람들에 관한 생각(1)

9. 다른 사람들에 관한 생각(2)

10. 기분 좋은 생각의 기준은 기쁨이다.

11. 행동보다는 기분 좋은 생각을 먼저 하라(1)

12. 행동보다는 기분 좋은 생각을 먼저 하라(2)

13. 기분 좋은 생각을 의도하라

14. 나의 경험은 모두 나의 것이다.

15. 기분 좋은 생각의도 연습(감사)

16. 기분 좋은 생각의도 연습(상상)

17. 기분 좋은 생각의 현실화 속도(1)

18. 기분 좋은 생각의 현실화 속도(2)

19. 기분 좋은 생각은 자유다.

20. 기분 좋은 생각의 구체화 정도

21. 기분 좋은 생각 습관(1)

22. 기분 좋은 생각 습관(2)

23. 기분 좋은 생각 습관(3)

24. 기분 좋은 생각 습관(4)

prologue
프롤로그

지구별에 온 당신을 환영합니다.!~

당신은 정말 운이 좋은 사람입니다.

왜냐하면 이곳에 멋진 여행을 오게 되었기 때문입니다.

당신은 무엇을 반드시 하기 위해 여기에 온 것이 아닙니다.

여행을 떠난다고 생각해봅시다.

여행지에서 꼭 해야 되는 것이 있나요?

세상의 교육, 책, 주변사람들이

의무적으로 해야 하는 것이 있다고 이야기합니다.

심지어 당신도 그러한 것을 찾아 다닐지도 모르겠지요.

하지만 절대적으로 해야 되는 것은 하나도 없습니다.

그러면 무엇을 해야 될까요? 하고 싶은 것을 하면 됩니다.

왜 하고 싶은 것을 해야 되냐고 물으신다면 간단합니다.

기분이 좋아지기 때문이지요.

혹시 당신은 하고 싶은 것이 없다고 이야기 할 수도 있습니다.

그럴 때에는 무엇이 하고 싶은 지 계속 생각을 해 보십시오.

무엇을 생각하면 기분이 좋아지는지 생각해 보십시오.

기분 좋은 생각은 지구별에 여행 온 당신의 최고의 기쁨이자

여행경비이며 자유이용권 같은 것입니다.

'기분 좋은 생각' 이 중요합니다.

이 책에서 약속하는 성공조건을 한마디로 요약하면 '반복'이다.
– 백만장자처럼 생각하라 중에서

prologue

기분 좋은 생각은 당신에게 기쁨과 자유, 성장을 가져다 줄 것입니다.
이 글은 내가 지구별을 떠나기 전에 꼭 알려주고 싶은 기분 좋은 생각에 대한 이야기 입니다.
당신은 당신 자신만을 온전히 변화 시킬 수 있습니다.
자신을 긍정적으로 변화 시키고 싶으신가요?
이 글을 11번 읽으십시오.
그러면 당신은 반드시 원하는 방향으로 달라져 있을 것입니다.
당신은 신체 활동을 위해 하루에 3번의 식사도 합니다.
그런 에너지 소모에 비하면 11번 읽는 것은
그리 어려운 일이 아닐 수 있습니다.
손해 보는 일은 하나도 없습니다.
당신이 기쁨과 자유를
더욱 키워나가기를 바라며

Tommy Luck

Quest

1. 경쾌하게 걸어보세요.

퀘스트

"룰루랄라" 하며 가볍고 유쾌하게 걸어 보세요.
사랑하는 그 사람을 만나러 가는 길처럼
보고 싶었던 영화를 보러 가는 길처럼
선물 받으러 가는 길처럼
그러면 기분좋은생각들이 찾아옵니다.

2. 신나는 음악이 크게 나오는 술집에 가보세요.

그곳에서 좋아하는 사람과

즐거운 시간을 보내 보세요.

혼자라면 맥주라도 마시면서

유쾌한 음악과 함께 책을 읽어 보세요.

신나서 몸을 가볍게 흔들며

책을 읽고 있는 모습에

부끄러울지도 모릅니다.

하지만 아무도 당신을

쫓아내지는 않을 것입니다.

한번 해보세요.

3. 실패는 없다고 생각해보세요.

실패는 없고 다만
작은 성공들이
있을 뿐이라고 생각해보세요.
취업을 위해 지원한 회사에서
불합격 통보를 받았을 경우?
그것은 실패가 아니라
그 회사의 업무와
내가 그다지 조화롭지 못하다는 것을
발견한 작은 성공을 한 것입니다.

4. 하기 싫은 일은 억지로 하지 마십시오.

대신에 하고 싶은 일을
하기 싫은 일을 안 한 만큼 보다
그 이상으로 해보십시오.

기분좋은
생각습관

생각은 초대장이다.

생각 ⋯▸ 좋은 감정과 같이하는 꾸준한 생각 ⋯▸ 성취
예를 들어
당신이 수영장을 가고 있습니다.

이러한 행위는 어디서 시작 되었을까요?
그것은 수영장에 가겠다는 당신의 생각에서 시작 되었습니다.
나의 삶 속에서 어떤 것을 체험할 수 있게 되기에 앞서서,
당신은 먼저 그것에 대해 생각을 해야만 합니다.
당신의 생각이 바로 초대장이며,
그것 없이는 어떤 것도 오지 않습니다.
원하건 원하지 않건 당신은 언제나
자신이 생각하고 있는 대상을 얻게 됩니다.
당신이 지속적으로 원하는 그것을
당신은 얻게 됩니다.
마찬가지로, 당신이 지속적으로 원치 않는
그것 또한 당신은 얻게 됩니다.
여기서 '원하다' 라는 말은 어떤 대상을
생각하거나 어떤 대상에 주의를 집중하는 동시에
기분 좋은 감정을 느끼는 것입니다.

현재 당신의 텔레비전 채널이

어떻게 보이든 간에,

당신은 원하는 채널로 쉽게

바꿀 수가 있다는 것을 아십시오.

거기에 예외는 없습니다.

당신이 오늘 경험하고 있는 일들은

과거에 당신이 했던 생각들의 결과입니다.

오늘 당신이 하고 있는 생각들은

당신이 하게 될 미래 체험에

반영되고 있습니다.

그 어떤 것도 당신의 삶 속에 우연하게 나타나지 않습니다.

당신이 초대한 것입니다.

그 모든 것들 말이죠.

부자가 되기 위한 첫 번째 단계는 원하는 것을
계속하여 철저하게 생각하는 습관이다. - 월레스워틀스

퀘스트

5.
누군가가 부탁을 했을 때
정중하게 거절해보세요.

부탁을 받는 순간
당신은 직감적으로 알 수 있습니다.
즐거운 일인지 아닌지
부탁을 흔쾌히 들어주기가
고민된다면 정중하고 예의 바르게
거절 해보세요.
기분이 좋아집니다.
또한, 당신은 그 사람이
더 잘할 수 있는 다른 사람에게
부탁할 수 있게 기회를 준 것입니다.

6.
나를 부당하게 대하는 사람이 하는 안 좋은 말을 칭찬으로 들어보세요.

그들이 한 말이나 행동에
당신이 상처받기를 거부한 것이 되어
그들은 결코 목적을 이룰 수 없게 되고
오히려 당신은 긍정적으로 강화되는
혜택을 얻게 되는 것입니다.
자기들이 갖고 있지 못한 것을
당신이 가지고 있어서
그 반대되는 면을
찾아내려 하는 것이라 생각하세요.

7.
신선한 과일 주스 100%를 마셔보세요.

가능하면 오전에 마셔보세요.

8.
의도하지 않게 들려오는 음악을
나를 위한 짧은 공연이라고
생각해보세요.

길을 가다 상점에서 들려오는 음악소리,
지하철을 타고 가는 옆자리에
이어폰에서 새어 나오는 음악소리
누군가가 흥얼거리는 노래
소음이라고 생각하시나요?
나를 위한 아름다운 소리라고 생각하시나요?
당신의 선택이 정답입니다.

감정이 생각의 표현이다.

기분좋은 생각습관

당신의 감정은
생각의 육체적인 표현입니다.
따라서 생각을 지켜보기보다는
단순히 자신의 느낌이 어떤지에
주의를 기울이십시오.
언제나 당신은 잠재의식으로부터
신호를 받고 있습니다.
그 신호의 기본적인 형태는
바로 당신이 느끼는 감정입니다.
정말로 당신의 긍정적인 변화를 가져오기 위해서는,
당신은 지금 현재 상황과
자신에 대한 다른 사람들의 시선을
결코 신경 쓰지 말아야 하며,
또한 자신이 바라는 식으로 일들이
바뀌어있는 방향 쪽을 향해서
더욱 더 많이 생각을 해야만 합니다.
그러한 생각을 관리하는 지표가 감정입니다.
당연히 원하거나 바라는 방식으로의
생각은 좋은 감정을 가져 올 것입니다.

"나는 항상 탭 댄스를 추는 기분이다." - 워렌버핏

퀘스트

9.
약속장소에 일찍 도착하거나
상대방이 늦어 생기는 시간은
선물이라고 생각해보세요.

당신에게 깜짝 선물이 될 수 있습니다.

그 시간에 책을 보거나

핸드폰으로 이메일을 처리 하거나

좋아하는 노래를 듣거나

주변의 아름다운 광경을 감상하거나

지나가는 사람들의 미소를 발견 한다면

그렇게 됩니다.

10.
몸이 좀 피곤하다고 느껴지면 누워서 쉬어보세요.

낮잠을 자도 좋습니다. 20분이내로
아니면 그냥 눈만 감고 억지로 잠을 청하지도 말고
즐거운 상상을 하며 가만히 있어 보세요.
음악을 들어도 좋습니다.

11.
하루를 시작하거나

새로운 시간 단위로 들어가기 전에
"나는 내가 원하는 것, 좋아하는 것들만
보고, 듣고, 말하고, 생각하고, 느끼며
받아들이겠다" 라고 말하거나 생각해보세요.

12. 이기주의를 인정해보세요.

우리는 이타적으로 살아야 한다고 강요 당거나
교육 받아왔습니다.
이기적이거나 이타적인 것 둘 다
나쁘거나 좋은 것이 아닙니다.
어느 한 방향으로 많이 치우칠 때
문제가 되는 것입니다.
타인이 존재하기 전에 우선
"나"가 있어야 타인도 존재할 수 있는 것입니다.
그리고 어떠한 선택이나 말, 생각, 행동이
나와 다른 사람의 이해에 상충 될 때
좀 더 나의 즐거움과 기쁨을
우선시 하십시오.
결국 이기주의 와 이타주의가
조화를 이루는 것이 괜찮아 보입니다.
하지만 주인공은 '나'일 수밖에 없습니다.

무슨 생각을 해야 할까?

자신이 원하는 것을 생각하면 됩니다.
혹시 자신이 원하는 것이
무엇인지 모르겠다면
책이나 여행, 사람들과의 대화도
도움이 되겠지만
자신이 원하는 게 무엇인지 알아내는데
사용할 수 있는
간단하고 강력한 방법이 있습니다.

"나는 내가 뭘 원하는지 알고 싶다."고
계속 생각하십시오.

살면서 하루 반나절이라도
내가 무엇을 원하는지 지속적으로
생각해 보신적이 있으십니까?

생각을 할 수 있다는 것은 그것이 무엇이든지
그 안에 모두 들어있다.

퀘스트

13.
개인적인 SNS, 메일, 질문 등에
대답을 기대하지 말아보세요.

보내거나 질문 할 수 있는

대상이 있는 것으로 감사하고

혹시 응답이 있으면

거기에 더하여 감사할 일이므로

기분 나쁠 게 하나도 없다고 생각하십시오.

14.
내일의 할 일이라는 목록에

'그냥 마음대로 놀기' 라고 써보세요

15. 손으로 자신의 가슴을 두드리며

'잘하고 있다' 토닥토닥 응원해보세요.

16. '난 운이 좋다'고 말해보세요.

말하면 자동으로
그 이유에 대한 생각이 들기도 합니다.
또는 그냥 웃음이 나오기도 합니다.

걸으면서 하거나 계단을 오르내릴 때
'난 정말 운이 좋아' 라고 말해보세요.
그러면
걷기는 행운의 걸음이 되고
계단은 행운의 계단이 됩니다.

기분좋은
생각습관

원하는 것의 생각을 '마음은행'에 예금하라.

당신이 보내는 대부분의 시간을
원하는 것을 찾는 데
사용한다고 생각하십시오.
그것은 자신이 원하는 게
무엇인지 결정하는데 도움이 될
자료를 찾는 시간이 됩니다.

그 다음, 당신은 자신이 원하는 걸
결정하고,
당신은 완전히 그것에만
의도와 관심을 집중하는 것입니다.

왜냐하면 그것이 더 기분 좋기 때문입니다.

당신이 '보았던 것' 중에
마음에 드는 것이 있으면
기억하거나 메모하십시오.

당신이 그 어떤 것을 보게 되더라도
그것이 자신의 삶 속에
포함시키고 싶은 것이라면
모두 수집한 다음 일종의
'마음 은행'에 그것을
저축 해주십시오.

만일 당신이 그러한 자료들을
수집하겠다는 의도를 가지고
그 시간들을 보내게 될 경우,

당신의 하루하루는 온통 재미와 즐거움으로
가득 차게 되는 걸 발견하게 될 것입니다.

즉, 마트에서 마음에 드는 것을
제한 없이 카트에 담고 있는
느낌이 들것입니다.

마음은행에서는 '원하는 것의 생각'을 예금하고
'좋은 기분'으로 인출한다.

퀘스트

17.
다른 사람으로부터 말도 안되거나 나쁜 이야기를 들었을 때 "그럴 수 도 있겠네" 로 인정하고 대화해보세요.

이것은 궁극적으로 상대방을 존중해 주는 것입니다.

누구나 자신의 관점이 있는데

보통은 그 관점을 지키느라

너무나 많은 에너지를 씁니다.

그 관점이라는 것은 자신의 것이라

자신만이 그것을 알 수 있습니다.

때로는 당신이 정확히 자신의 관점을

알지 못하면서 그것을 다른 사람들에게

강요하고 있을 수 도 있습니다.

타인의 관점을 인정하고 시작하면

서로 다르다고 싸울 필요가 없습니다.

18.
원하는 것을 쓰고 읽어보세요.

내가 무엇이든 다 할 수 있다고 가정하고
하고 싶은 것, 가지고 싶은 것, 이루고 싶은 것 등을
5가지 정도 아래와 같이 써보세요.
'나 OOO 은 연 10만달러를 받아들이는 세일즈맨이다.'
5가지정도 성취선언문을 일어난 직 후
잠들기 전에 소리 내어 읽어 보세요.
하루 중 언제라도 자투리 시간에
성취선언문 중 마음이 가는 데로
하나를 골라 20번정도 쓰기도 해보시고요.
주의할 점은 위의 것을 할 때
다른 사람이 모르도록 하세요.
모르게 하면
더 기분이 좋아지기 때문입니다.

19.

칫솔질을 하는 거울에
좋아하는 문구를 적은
메모지를 붙여두세요.

칫솔질을 하면서 무슨 생각을 하시나요?

20.

당신이 원하는 헤어스타일을
유지해보세요.

특히 외출 시에 빛나는 헤어스타일로

당당하게 나서보세요.

생각도 성장한다.

뭔가를 생각하고 의도해서
그것을 성취하게 될 경우
당신은 자신의 성과물에 의한 이득은 물론,
새롭게 달라진 관점으로 인해서
새로운 생각과 의도들을
키워 나가게 될 것입니다.

그게 바로 성장이라는 것입니다.

더 키우고 더 많이 가지고
확장해 나가는 것은 당연한 것입니다.
그 자체는 잘못된 것이 아닙니다.
다만, 무엇을 성장 시켜가느냐는 것이 다를 뿐입니다.
내가 좋아하고 원하고 기뻐하는 것의
생각을 성장 시키면 됩니다.

생명체는 살아가는 행위 그 자체를 통해
스스로를 늘리고 키워간다.
언제나 '더 크고 많은 상태'를 향해 나아가는 것이다.

- 월레스워틀스

퀘스트

21.
그냥 미소 지어본다, 자주.

이유 없이 미소를 지어 보세요.
웃으면 복이 온다고 합니다.
책을 보면서 미소 지어보세요.
웃기는 내용이 아니더라도
미소 지으며 웃어보세요.

22.

아침에 일찍 일어나서 자신만을 위한 시간을 여섯 가지 형태(6기법)로 가져보세요.

가만있기, 소리읽기, 상상하기, 글쓰기, 책보기, 운동하기

미소 지으며 가만히 있기
(지구별이라는 여행지에서 맞이하는 오늘을 기뻐하고 감사하기)
소리 내서 읽기
(성취선언문, 마음에 드는 문구 등 읽기)
원하는 것에 대한 즐거운 상상하기
(원하는 집에서 생활하는 상상)
감사한 것들 써보기
(3가지 정도로 매일 새로운 내용으로)
성취의욕을 돋우는 책 읽기
(두 페이지나 chapter 하나 읽기)
가볍게 운동하기
(아령 20개하기 등)

자꾸 하다 보면 정말 아침이 기다려지고
여행지에서 첫날의 기분 좋은 두근거림을 느낄 수도 있습니다.
6가지를 의무적으로 하지 마시고
마음에 드는 것만 하셔도 됩니다.

23. 굿 뉴스 전달자가 되어보세요.

누군가를 만나기 전에어떤 좋은 뉴스를 전달해 줄까
생각해보십시오.
아니면 누군가를 만날 때마다
안 좋은 소식, 나쁜 경험, 스트레스 받는 일,
불평, 두려움을 꾸준히 이야기 하십시오.
계속 그렇게 하면
언젠가는 당신 주변의 사람들이
사라져 가는 것을 볼 수 있을 것입니다.
'좋은 뉴스'란 '나의 즐거운 경험'일 수도 있습니다.
또는 나와 다른 사람이 관심을 가졌던
부분에 대한 유용한 정보가 될 수도 있습니다.
가능하면 좋은 내용의 이야기를 하십시오.
당신과 상대편 둘 다 기분이 좋아질 것입니다.

24. 주는 기쁨을 느껴보세요.

당신은 선물하는 즐거움을 아나요?
좋아하는 사람이 기뻐할 만한
선물을 생각해보세요.
그러한 과정에서 당신은
당신에게도 선물을 하고 있는 것입니다.
너무 기분이 좋아지거든요.
특별한 것이 아니라도 괜찮습니다.
우리는 언제, 어디서든
누구에게나 줄 수 있는
선물을 가지고 있습니다.
바로 감사와 칭찬입니다.
좋아하는 사람에게 이렇게 말해보세요.
"당신은 나에게 선물의 즐거움을
알게 해준 정말 고마운 사람이야"

기분좋은 생각습관

왜 내가 원하는 것에 대해 생각을 해야 하나?

기분이 좋아지기 때문입니다.
즉 내가 원하는 것에 대한 생각이
기분 좋은 생각이라는 것입니다.

행복이 무엇인지는 사람마다 다르겠지만
행복한 상태라는 것은
밝고 가벼우며 고양된 느낌으로써,
일종의 '만사가 좋고 괜찮다' 라는
감각을 의미합니다.

생각만으로 행복한 상태로
갈 수 있다는 이야기 입니다.
행복이 만사가 좋고 괜찮다 라는
감정으로 표현 된다면
그 감정은 생각을 통해
당신이 느낄 수 있기 때문입니다.

행복한 느낌의 상태가 된 다음,
이미 자신이 바라는 것이 이루어진 상태를
상상해보는 것입니다. 그래서
그것이 너무나 명확하고 확실해서
실제로 자신이 이미 그러한 감정을
느끼고 있다고 믿겨질 때까지
그 모습을 바라보는 것입니다.

기분 좋은 생각
➔ 밝고 가벼우며 고양된 느낌
➔ 행복

긍정적인 상상이 항상 굳은 의지를 이긴다. - 에밀쿠에

퀘스트

25. 날씨가 화창할 때는 하늘을 보며 기뻐해보자.

맑은 하늘은 항상 기쁜 에너지를 줍니다.

26. 기분 좋았던 일을 다시 생각해 봅시다.

우리는 항상 반대로 한다.
기분 좋았던 일을
다시 생각하면 빠르게 기분을
좋게 만들 수 있을 뿐만 아니라
긍정적 강화 효과를 얻을 수 있습니다.

27. 다른 사람과 의견이 다를 경우에도 "그렇게 생각할 수 있다"고 인정 해보세요.

다시 말하지만 절대적인 의견의 옳고 그름이 없으며
믿고 안 믿고 문제도 오로지 본인 만이 선택 할 수 있습니다.
의견이 다른 것에 대해 자신의 의견을 관철시키려고 한다면
그건 "너는 왜 그렇게 생겼니?"
"나처럼 생겨야지"
하는 것과 마찬가지 입니다.
당신은 이렇게 생각 할지도 모르겠습니다.
"아니 잘못된 그런 의견을 놔두면
내가 거기에 영향을 받는 것이 두렵다.
그래서 그 의견을 반박하는 것이다."
맞습니다.
당신은 맞고 틀리고의 문제가 아니라 사실은 두려운 것입니다.
하지만 두려움이란 무엇인가의 본질을 잘 모를 때 생기는 것입니다.
그 의견의 본질은 그의 생각이라는 것입니다.
그것은 그의 의견일 뿐이라 생각하고
나는 나의 생각을 선택하면 그만입니다.

28. TV 뉴스를 보지 말고 살아 보세요.

사건사고 뉴스를 보고
항상 미소 지을 수 있는 경지가 아니라면
뉴스를 보지 않는 것이
기분이 좋아지는 데 도움을 줄 수 있습니다.
즐거운 내용의 뉴스는 거의 드뭅니다.
그래도 필요하다고 생각하면 보세요.
그냥 TV가 틀어져 있어서 습득하는
공짜정보는 당신에게
유용하지 않을 확률이 높습니다

부정적인 감정에 감사하자.

기분 나쁜 감정이 드는 것은 부정적인 생각 때문입니다
그럴 때는 부정적인 감정을 가질 수 도 있다고 먼저 인정한 뒤에
두 가지를 질문하세요.
"여기서 내가 무엇에 대해 배울 수 있을까?"라는
물음과, "이것과 관련해 내가 진정 바라는 것은 무엇인가?"
이 물음이 긍정적인 생각과 바라는 것의
생각으로 데려다 줄 것입니다.
부정적인 감정은 나쁘지도 좋지도 않습니다.
부정적인 감정에 생각이 집중되면 나쁜 영향을 주기도 하지만
부정적인 감정을 긍정적인 감정으로, 기분 좋은 생각으로 전환하라는
유용한 신호라고 생각하면 나의 감정상태를 알려주는
감정신호등 인 것 입니다.
당신이 감정신호등을 잘 활용하여 원치 않는 주제나 대상으로부터
자신의 생각을 아주 신속히 회수하면,
당신의 기분은 좀 더 좋아지기 시작할 것이고,
그럼으로써 당신은 스스로 원치 않는
기분 나쁜 상태를 멈추게 될 것입니다.

현명한 사람의 불행은

우둔한 사람의 번영보다 훨씬 훌륭하다. - 에피크루스

퀘스트
29. 기분이 좋아지는 음악을 들어보세요.

시끄러운 음악이나
욕설이 담긴 랩도 괜찮습니다.
대신 그것을 들었을 때
기분이 좋아야 됩니다.
울분을 토로하고 같이 성질을
부리는 수준의 공감은 권하지 않습니다.

30. 연애 감정을 적당히 가져보세요.

꼭 사귀거나 관계를 하지 않더라도
산뜻한 이성상대에 대한 좋은 감정을
유쾌하게 즐겨보세요.

31.
마음에 드는 운동을 해보십시오.

운동하는 과정에서 생기는
성장하는 느낌과
그에 따른 결과물에
기분이 좋아 질 수 있습니다.
건강은 보너스입니다.

32.
나만의 공간을 정리해 보십시오.

내 옷장, 내 책상만 정리하거나
청소해도 기분이 좋아집니다.
특히 지갑 속, 가방 안을
꼭 정리해 보세요.

기분좋은 생각습관

다른 사람들에 관한 생각(1)

당신이 다른 이들이 가지고 있는
모든 것들을 생각하게 되면,
당신은 그러한 것들 전부에게
초대장을 보내고 있는 것입니다.
하지만 만일 그것들 중에서
오직 자신이 가장 좋아하는 것들만을
생각하게 되면, 당신은 좋아하는 것들만
자신의 삶 속으로 초대하게 될 것 입니다.
자신의 기분 좋은 생각에
집중하는 연습을 하게 되면,
당신은 다른 사람들과 관계를
갖게 되는 초기에 그들이 제공하고 있는 것들이
나에게 가치가 있는지 아닌지를
알아차리게 될 것입니다.
다른 사람에 의해 부정적인 생각을
하게 되면 "그것은 그들의 경험이야.
나는 그것을 선택하지 않을 거야."
그런 다음, 원하지 않는 그러한 것에 대한 생각을
놓아버리고 자신이 진정 원하는 것에 대해서
생각하기를 바랍니다.

33. 나만의 보물지도를 만들어라.

방법은 제발 생각하지 말고
원하는 보물들의 사진을 출력해서
잘 보이는 곳에 붙여보십시오.
아무리 원하는 것이라도
그것을 보고 저걸 어떻게 하지 하고
좌절감이 든다면
붙이지 않는 것이 좋습니다.
작든 크든
기분 좋아지는 사진을 붙여 보십시오.
그것이 즐거운 상상의 한 장면이면
더욱 좋습니다.

퀘스트

34. 새로운 구간 경험의 시간으로 들어가기 전에 의도해 보십시오.

잠들기 전이라면
평안하고 달콤한 숙면을 취하겠다고 생각하고
친구를 만나기 전이라면
그 친구와 즐겁고 유쾌한 시간을 보내겠다고
생각으로 의도 하십시오.

35. 모든 것에 긍정을 예상하고 기대하라.

세상에 나쁜 일은 없다.
나쁘게 받아 들이는 나 만 있을 뿐이다.

# 36.
지금도 충분히 잘하고 있고
괜찮다고 자신을 응원해 보십시오.

당신은 그 자체로 가치 있고
소중하고 훌륭합니다.
세상의 어떠한 로또 보다 당첨되기 어려운
지구별 여행 티켓을 수 억분의 1의 확률
즉 벼락을 300번 맞는 확률임에도 불구하고
자신이 의도해서 이세상에 온 것입니다.
사실 여러분 자체가 기적입니다.

기분좋은 생각습관

다른 사람들에 관한 생각(2)

다른 사람들이 걱정이 될 때에는
그들이 소망하는 또는 나은 상태에 있는 모습을
상상하고 마음속으로 그들의 성공과 행복에 관해 생각하십시오.
그래서 그런 생각이 그들에 대한 당신의 주된 느낌으로
자리를 잡게 되면, 그때 영감으로 떠오르는
그 어떤 행동이든 취하십시오.
당신이 다른 사람에게 줄 수 있는 가장 큰 선물은
그들의 성공을 기대하고 믿어주는 것입니다.
당신이 이곳에 온 이유는 모든 사람이 살아야 하는 어떤 방식을
발견하거나 내가 원하는 방식으로 다른 이들이 살아야 한다고
설득하려고 온 것이 아닙니다.
다른 이들이 각자 그들이 원하는 방식으로
살도록 기꺼이 허용하는 동시에,
당신은 자신이 원하는 방식의 삶을
기쁘게 살아가기 위해서인 것입니다.

그들을 위해서 지금 당신이 할 수 있는 일은
기쁨의 모범을 보이는 것입니다. - 아브라함

37.

퀘스트

내가 좋아하는 옷을 입어보세요.

옷장에 걸려 있어서 입으시나요?
다른 사람이나 환경에
적합한 옷이 아닌
온전히 나의 기쁨에
만족하는 옷을 입어 보세요.
옷장에 기쁨 이라는 상표가 있는
옷들만 놔 두세요.

38.
자신이 쓴 SNS의 글에 스스로 좋아요 나 웃음마크를 붙여보세요.

그러다 보면 즐겁고 유쾌하거나

응원과 격려, 감사의 글들만

쓰는 자신을 발견하게 됩니다.

39.
술은 즐겁게 적당히
술의 명암은 너무나도 확실합니다.

적당한 술은 즐거움을 배가 시키고

건강에도 활력을 줍니다.

기분 좋게 술을 먹는 것이 제일 중요합니다.

40.
어릴 적 소망을 기억해보고 해보십시오.

어릴 적 정말 해보고 싶었던
어른이 된 지금은
잊어버린 것들이 분명히 있습니다.

그것은 지금은 쉽게 할 수 있는 것들이
생각보다 많습니다.
예를 들면 금붕어 키우기,
아이스크림 무제한으로 먹어보기, 등등.

기분좋은
생각습관

기분 좋은 생각의 기준은 기쁨이다.

의식적으로 자신의 생각을 원하는 방향으로
이끌어나가는 것은 결국 '기쁨에 넘치는 삶'을 가져다 줍니다.
하지만 무엇보다도 기쁨을 느끼겠다고
원하는 것이야말로 '기쁨에 넘치는 삶'을 성취하는 멋진 계획입니다.
왜냐하면 당신이 기쁨을 추구해가는 과정 속에서,
자신이 원하는 기분 좋고 근사한 삶을
끌어오게 할 생각들을 찾아내게 되기 때문입니다.
만일 당신이 기쁨의 성취를 성공의 기준으로 삼게 될 수 있다면,
나머지 다른 모든 것들은 쉽게 얻어질 것입니다.
왜냐하면 당신이 원하는 다른 모든 것들에
기쁨이라는 상표가 붙어 있기 때문입니다.
자신에게 가장 중요한 것이 기쁨일 때,
당신은 결코 기분 좋게 느껴지지 않는 것들에
주목 하지 않을 것입니다.
그래서 당신은 오로지 기분 좋게 느껴지는 것들만을 생각할 것이기에,
그 초대장을 받은 자신이 소망하는 것들이
가득 찬 멋지고 놀라운 삶을 맞이하게 될 것입니다.

어느 쪽이 더 즐거운 가요? - 사이토 히토리

41.
대화 중에 박수를 쳐 보세요.

하이파이브나 박수를 작게라도 쳐주면
그 대상이 되는 사람도
나도 기분이 좋아집니다.

42.
누군가를 만나자 말자
무슨 칭찬을 할까 생각해 보십시오.

보자마자 지적을 위한 소재를
찾는 사람이 대다수입니다.
칭찬은 달콤한 사과 같은 것입니다.
맛도 있고 영양분도 있습니다.

43.

내가 좋아하는 자연의 풍경에 종종 노출되어 보세요.

기분이 좋아지는 물가,

잔디밭, 공원, 뒷마당정원

어디든지 좋습니다.

단 나의 우울 감이나 절망감 기분 나쁨과

공감하기 위해 자연에 가지 마세요.

예를 들면 한밤중에 물가에 간다든지

44.

음악을 듣다가 신이 나면 볼륨을 높이고 가볍게 춤을 춰보세요.

춤이라기 보다는 그냥 흔들어도 됩니다.

생각보다 재미납니다.

음악은 기분을 좋게 하는

대단한 아이템 중 하나입니다.

행동보다는 기분 좋은 생각을 먼저 하라(1)

행동이라는 것이 우리들의 세상에서 중요한 구성 요소이지만
우리들이 성취하고 있는 것들은 자신의 행동을 통해서 하고 있는 게 아닙니다.
당신이 생각을 가지고 계획을 하거나, 또는 그 생각이 실현된다는 것에 대해
긍정적인 예상과 기대를 하게 될 경우, 성취를 하기 위해 필요한 행동은
아주 적어지고 그 행동 역시 훨씬 더 만족스러운 것이 됩니다.
하지만 당신이 그처럼 생각을 정리하는 시간을 갖지 않는다면,
더욱 더 많은 행동이 필요하고 결과도 좋지 않게 될 것입니다.
당신은 행동을 할 수 있습니다.
그리고 그것은 현재 당신이 살아가고 있는
이 세상에서 맛볼 수 있는 달콤한 부분입니다.
하지만 당신은 결코 육체적 행동을 통해서 성취를 하겠다고
생각하지는 않았습니다.
원래 당신이 품었던 행동에 대한 생각은, 자신이 생각을 통해 성취한 것들을
기쁘게 즐기기 위해서 육체를 사용하겠다는 것이었습니다.
당신이 어떤 행동을 하고 있는데 그것이 기쁨에 찬 행동이 아닐 경우,
결코 당신은 행복한 결과를 얻을 수가 없습니다.

마음이 유쾌하면 종일 걸을 수 있고
괴로움이 있으면 짧은 길에도 지친다. - 셰익스피어

퀘스트

45.
지갑에 고액 지폐를 하나 정도
넣어 다니며 즐거운 마음쇼핑을 하라.

실제로 쇼핑을 하게 되면
한번의 즐거움을 주지만
고액지폐 존재만으로도 그 금액으로
당신이 살 수 있는 가능성의 숫자들만큼
매번 기쁨을 준다.
살 수 있는데 안사는 것과
사고 싶은 데 못사는 것의 차이는 어마어마하다.

46.
그냥 "기분좋은생각습관"을
생각하거나 말해보세요.

그냥 해보세요.

47.
지나가다 본 어떤 것에서
그것을 좋아하는 사람을 생각해보세요.

그것이 아름다운 광경이건

맥도널드의 장난감이건

맛있는 음식이건

그 것을 좋아하는 사람 덕분에

더 의미 있고 즐거운 생각을

할 수 있음에 감사해보세요.

그리고 작은 거라면

선물 하기 위해 사기도 해보고

광경이라면 사진을 찍어

그 사람에게 보내줘보세요.

48.

당신이 방문한 가게의 점원이
잘 응대 해주고 미소까지 짓는다면
웃으며 "친절하게 이야기 해줘서
고맙습니다."라고 말해주세요.

아니면 "감사합니다" 와 함께
활짝 웃어보세요.

기분 좋은 생각을 의도하라.

자신이 원하는 것들에 관해서
좀 더 의식적이 되고 의도를 가지는 것,
그리고 자신이 느끼는 기분이나 감정을
좀 더 민감하게 알아차리는 것,
이 두 가지의 병행이 '기분 좋은 생각의도'의 전부 입니다.
당신이 하고 있는 모든 행위는 기쁨을 얻기 위해서 입니다.
옳고 그른 일들의 목록과 모든 것을 포함하는 절대불변인
규칙들은 존재하지 않습니다.
당신은 끊임없이 변화하면서 성장을 추구해나가는
존재이기 때문입니다.
단지 존재하는 것이 있다면,
당신이 원하는 것과
그렇지 않는 것들만 있을 뿐입니다.
자신이 무엇인가를 하면서
기분 나쁜 감정이 느껴지면
현재 하고 있던 그것을 즉시 중단하고
잠시 뒤 좀 더 기분 좋게 느껴지는
어떤 것에 생각을 집중하십시오.

내가 누구와 무엇을 하든, 나의 주된 의도는
내가 좋아하는 것들만을 찾는 것이다.

49. 좋아하는 신발을 깨끗하게 신어보세요.

여러 신발이 있어도
자주 신고 싶고 마음에 드는
신발이 있기 마련 입니다.
그런 신발만 남기고 나머지
어쩌다 한번 신거나 잘 안 신는 신발은
정리해보세요.
그리고 구두라면 항상 빤짝이게 광을 내고
운동화라면 깨끗하게 유지해서 신으세요.
발걸음이 가벼워집니다.

50. 밝은 색 옷을 입어보세요.

노란색이나 핑크색 빨강색 등
밝은 색 옷을 입어 보세요.
옷장의 옷들이 전부
어두운 계열이면
당신의 삶에도 어둠의 그림자가
드리울지도 모릅니다.

51. 가끔 음식점에 가서 가격표를 보지 말고 오로지 '나의 먹고 싶음'을 기준으로 주문해서 먹어보세요.

당신은 그럴 만한 가치가 있습니다.
자신에게 보상해 주세요.
그리고 내가 이 경험을 할
형편이 되는지 안 되는 지가
아니라 내가 그것을 하고 싶은지
아닌 지로 결정하게 되는
자신의 모습을 자랑스러워 하십시오.

52.

'싫다'라는 말을 하면
지는 게임을 한다고 생각해보세요.

예를 들면 "나는 약속시간에 늦는 것이 너무나 싫어"
이렇게 이야기 하지 마시고
"나는 약속시간 보다 조금 일찍 도착 하는 것을 좋아해"
라고 말해 보세요. 우리는 말로 의사표현을 할 때
'싫다'는 이야기를 많이 합니다.
'싫다' 덕분에 알 수 있는 것은
그 반대 자리에 있는 '좋다'이겠지요.
그러면
앞으로는 '좋다'고 말을
마무리 하는 게임을 해보는 겁니다.

나의 경험은 모두 나의 것이다.

다른 사람들이 당신의 경험을 만들지 않습니다.
모든 것을 당신이 하고 있지요.
모든 것이 당신의 책임입니다.
많은 사람들은 여전히 자신이 하고 있는 경험의 주인공이
자기 자신이라는 사실을 알지 못하고 있기 때문에,
의식적인 의도들을 명확히 세우지 않고 있습니다.
당신은 타인의 경험을 만들 수가 없습니다.
왜냐하면 당신이 그들을 대신해서 느껴줄 수가 없을뿐더러,
그들이 발산하는 느낌이 바로 그들의
'생각 에너지'이기 때문입니다.
경험을 받아들이는 것은 다른 사람의 생각이 아닌
당신의 생각입니다.
또한 받아들인다는 것은 기대하고 믿고 기뻐하며
감사하는 것인데 그것은 당신 자신만이 할 수 있다.

현명한 사람은 모든 것을 자신의 내부에서 찾고
어리석은 사람은 타인에게서 찾는다 - 공자

53. 관계에서 자신의 만족을 좀 더 우선시해보세요.

그래도 됩니다.
사랑하는 사람이 자신의 만족에 집중하거든
인정해 주시고 당신도 당신의 만족에 집중해보세요.
서로 무엇을 원하는지 이야기하십시오.
내가 만족하게되면 사랑하는 사람이
나를 만족시킨거나 다름없습니다.

54. 잠들기 전에 누워서 마음대로 원하고 즐거운 상상을 해보세요.

내일의 걱정, 오늘 있었던 안 좋은 일,
핸드폰의 즐겁지 않은 뉴스, 등을 다 물리치고
당신이 미소 지을 수 있는 것들을
생각해보고 상상해보세요.
'씩' 미소가 지어지는 것들로 말입니다.

55. 사랑하는 사람과 손을 잡고 걸어보세요.

사랑하는 사람은

어떠한 목적을 향해

같이 열심히 걸어나가는

사람만은 아닙니다.

그냥 지금 이 순간

같이 손잡고 웃으며

기쁨을 함께 하는

것이지요.

울창한 나무들이

어떠한 목적도 없이

억지로 하지 않고

그냥 기지개 켜듯

애쓰지 않고

하늘을 향해

나아가는 것처럼 말이죠.

56.
거울을 보고 웃어보세요.

거울에 비친 나의 모습이
어색하기도 할 수 있습니다.
거기 누가 서있는지
어떤 얼굴을 하고 있는지
관심을 가져 보세요.
그는 무슨 일이든
할 수 있고 될 수 있으며
당장 기쁨을 느낄 준비가
되어 있는 그런
소중한 존재입니다.
한번 웃어줘도 되지 않을까요?

기분 좋은 생각의도 연습(감사)

당신이 기분 좋은 생각을
의도하는 방법 중 하나는,
자신이 감사하게 생각하는
중요한 것들의 좋은 점들을
깊이 생각해보는 것입니다.
당신이 어떤 대상에 대해
반복해서 생각하게 될 때마다,
그 것의 세부 사항들이 더 상세하게
생각나게 될 것이고,
또한 더 많은 시간을 통해
더 자주 생각함으로써
그 대상에 대해 느끼게 되는
감정 또한 더욱 강해질 것입니다.
원하지 않는 것들에 대해서
아예 생각을 하지 마십시오.
당신이 삶에서 얻기를 진정 원하는
어떤 것들에 대해서 생각하는 것입니다.

감사는 과거와 미래를 기분 좋게 아울러 주는
현재의 기쁨이다.

57.

기분좋은 생각이
도저히 들지 않을 정도로
고민이 되거나 머리가 아프면
잠을 자보세요.

차분한 음악과 함께 그냥 주무셔요.

58.

온라인으로 주문한 상품이
배송이 늦어지면
선물 받기 전의 즐거운 기분을
연장 시켜주었다
생각해보세요.

59. 마음에 드는 책을 한 권 들고 다녀보세요.

특별한 이유 없이 마음에 드는 책이 있습니다.
제목이 좋아서, 디자인이 예뻐서, 색감이 멋져서
하지만 읽어야 된다는 강박관념이 생기기도 하지요.
그냥 읽는다는 생각 없이
어느 날은 집을 나서기 전 들고 나가보세요.
안보셔도 됩니다.
그러나 본의 아니게 짬이 나는 틈이 생기면
그냥 가볍게 열어 보세요.
그 시간에 책 한 페이지, 한 문장은
당신에게 기쁨을 줄 수 있습니다.

60. 하기 싫은 일은 억지로 하지 마십시오.

대신에 하고 싶은 일을
하기 싫은 일을 안 한 만큼 보다
그 이상으로 해보십시오.

기분좋은 생각습관

기분 좋은 생각의도 연습(상상)

상상하기란
기분 좋은 감정을 불러일으키기 위해서
의도적으로 초점을 집중하는 것입니다.
시각화에 좋은 느낌이 포함된 것이
'상상하기'이며 '상상하기' 그 자체가
놀이처럼 매우 재미있고
즐거운 일이 되어 습관이 되면
당신에게 적절한 본보기가 될
온갖 사례들이 나타나기 시작할 것입니다.
자신이 소망하는 삶에 관해
상상에 잠겨보고,
이미 원하는 모습으로 살고 있는
자신을 상상해보고,
좋아하는 것들에 둘러싸여있는
자신을 마음속으로 그려보십시오.

당신이 하는 상상은
다가올 삶의 멋진 예고편 같은 것이다. - 아인슈타인

61. 좋아하는 신발을 깨끗하게 신어보세요.

여러 신발이 있어도
자주 신고 싶고 마음에 드는
신발이 있기 마련입니다.
그런 신발만 남기고 나머지
어쩌다 한번 신거나 잘 안 신는 신발은
정리해보세요.
그리고 구두라면 항상 빤짝이게 광을 내고
운동화라면 깨끗하게 유지해서 신으세요.
발걸음이 가벼워집니다.

62. 가족에게 '고마워' 하고 말해보세요.

부모님께 이렇게 말해보세요.
"엄마가 내 엄마라서 너무 고마워"
자녀가 있다면
"네가 나의 딸이라 너무 고마워"
존재 그 자체가 감사한 사람들이 가족입니다.

63. 아침에 눈을 뜨자 마자 주어진 하루의 시작에 감사하세요.

당연한 것은 아무것도 없습니다.
지구별이라는 여행지의 아침은
상쾌하고 감사한 것입니다.

64. 지난 편지나 카드를 한번 다시 보세요.

오래된 편지나 지난날의 카드에서
고마운 말이나 보고 싶은 사람들이
많이 떠오르기도 하지요.
그럴 때 연락해 보세요.
안부를 물어 보세요.
만나 보세요.
사람들이 죽기 전에 후회하는 것들 중에
상위 순위로
친구를 자주 만나지
못했던 것이 있었는데
그러지 말고 만납시다.

기분 좋은 생각의 현실화 속도(1)

원하는 것 하나에 초점을
맞춘 상태를 계속 유지한다면,
자신의 마음이 이 것에서 저 것으로
마냥 떠돌아다니는 것보다
훨씬 더 강력해지게 될 것 입니다.
생각의 초점이 집중되는 것에
큰 힘이 있습니다.
대부분의 사람들은 자신이 정말 원하는 것들을
향해서 자신의 생각을
의도적으로 이끌어가지 않습니다.
다만 펼쳐진 환경의 모든 일들을
단순히 관찰만 하며 보내고 있습니다.
당신은 단순히 어떤 것에
더 많은 주의와 관심을 기울이는 것으로
그것이 현실화되는 속도를
빠르게 할 수가 있습니다.
강한 감정이 동반 되지 않은 생각은
그것을 삶 속으로
빠르게 가져다 주지 못합니다.

무엇이든 반복해서 하다 보면

언젠가는 그것이 자신의 일부가 된다. - 톰 홉킨스

65. 지갑을 새로 구입해보세요.

가능하면 황토색, 장지갑으로
3년마다 새로 구입해보세요.
그냥

66. 싫어하는 사람의 성공과 행복을 빌어주세요.

정신적 투자의
최대 수익을 얻을 수 있을 것입니다.

67. 좋은 스케줄은 길게 쓰고 싫은 일은 짧게 쓰세요.

스케줄에 모든 일정이 즐거울 수도 있지만
그렇지 않을 경우도 있겠지요.
기분 좋은 스케줄에 더욱 더 관심을 가져 보세요.

68. 매일 목욕을 해보세요.

가능하면 밤마다 욕조에 들어가 보십시오.
하루의 피로가 풀리고
날씬해지기까지 합니다.

기분좋은
생각습관

기분 좋은 생각의 현실화 속도(2)

만일 당신이 원하는 어떤 것이 자신에게 오는 속도가 느리다면,
그 이유는 지금 현재 당신은 그것이 있다는 사실보다는
그것이 없다는 부재 또는 결핍에 대해
더 오래 생각을 하고 있다는 것입니다.
만일 당신이 자신이 바라는 것을 순수하게 꾸준히
상상해 오고 있는 중이라면 그것은 반드시 그리고 빠르게 옵니다.
당신의 생각과 말과 시선을 눈앞의 현실로부터 거두어 주십시오.
그리고 온전히 자신이 원하는 것들로 향하도록 하십시오.
만일 당신이 현재 이상의 무언가를 바라거나,
또는 새로운 것을 삶 속에 받아 들이고자 한다면,
당신은 반드시 자신의 생각들을
눈앞에 드러나 있는 '현재 상황' 너머로 가져갈 수 있어야만 합니다.
보통 인내심이란 성취하는데 기본적으로 시간이 많이 걸린다는
뜻으로 사용되고 권장 되기도 하지만
당신이 뒤로 후진하지 않고, 앞으로만 전진해가게 되면
아주 신속하게 원하는 목적지에 도착할 것입니다.
그랬을 때 인내심은 필요하지 않게됩니다.

진정한 인내심은 긍정적인 기분 좋은 생각에
집중하는 것이다.

69. 운전면허증 사진을 웃는 모습으로 해보세요.

운전면허증을 갱신하거나 재발급 해야 될 때
증명사진을 이빨을 환히 드러내 보이면서
웃으며 찍은 사진으로 해보세요.
그래도 발급됩니다.

70. 여유롭고 편안하게 살 수 있다고 생각해보세요.

지금처럼 한다면 여유롭고 편안하게 살 수 없다고
생각하시나요?
그러면 지금과 다르게 해보세요.
그런데 지금과 다르게 무엇인가를 하기 싫으신가요?
그러면 당신은 여유롭고 편안하게 살 수 없습니다.
지금처럼 해도 여유롭고 편안하게 살 수 있다는
생각이 지속적으로 들고 즐겁다면
당신은 여유롭고 편안하게 살 수 있습니다.

71. 운동을 할 때 좋아하는 문구를 되뇌면서 해보세요.

예를 들면
수영을 하면서 숨이 차거나 힘들 때
'나는 반드시 그렇게 된다'하고 마음속으로 외치며 해보세요.
아령을 들 때 '나는 할 수 있다'하며 해보세요.
이상하게 힘이 나고 기분이 좋아집니다.

72. 당신의 말과 행동, 생각이 언제든지 일부 또는 전부가 누군가에게 부정당하거나 비판 받을 수 있다고 생각해보세요.

그럴 수 있습니다.
왜냐하면 모든 사람의 말과 행동 생각이 같을 수가 없기 때문입니다.
미리 그럴 수 있다고 생각해두면
실제로 그랬을 때 부정적 감정을 덜 느낄 수 있으며
다를 수 있다는 것을 빠르게 인정할 수 있습니다.

기분 좋은 생각은 자유다.

당신은 그 누구에게도 말을 통해서
어떤 걸 증명할 필요가 없습니다.
그저 당신의 존재, 삶의 모습 자체가
다른 사람들을 고양시키는 확실한
본보기가 되도록 하십시오.
당신은 자신이 원하거나 소망하는 것이
옳다는 것을 다른 이들에게 이해시키고자
애쓸 필요가 전혀 없습니다.
왜냐하면 당신이 무엇을 바라든
그것은 적절한 것입니다.
당신은 로딩 시간을 가지고 있습니다.
당신이 하는 생각이 바로 현실화되지 않습니다.
그로 인해 당신의 삶을
조금씩 조정해나갈 수 있는
자유가 있는 것입니다.
만일 당신이 즉시 현실화 되는 세상에 살고 있다면,
당신은 원하는 것들을 얻기 보다는
자신이 실수로 얻은 것들을
처리하기 위해서 더 많은 시간을 보내고 있을 것입니다.

자유는 당신에게서 나온다.

73.

다른 사람에게 인정받으려 하지마세요.
누군가에게 인정 받는다는 것은
정말 기쁜일입니다.

그것을 부정하지 않습니다.
다만, 모든 사람이나 무슨 일이든
전부 다 인정받으려 하게 되면
더 이상 기쁘지 않게 됩니다.
왜냐하면 나의 존재가
타인에 의해 좌우 되기 때문이지요.
내가 먹는 아이스크림 맛을
다른 사람이 먹어보고 맛있어야
나도 맛있다고 생각하게 되는것입니다.
인정을 바라지 말고
만약에 인정해 주면
보너스 라고 생각해보세요.

74.
자신이 좋아하는 물건을 하나 정도 가지고 다녀보세요.

마음에 들고
기분이 좋아지는
물건이 사람마다
있기 마련입니다.
반지, 가방, 목걸이, 노트
손거울, 열쇠고리, 메모지
작은 인형 등등
그것은 당신을 잠시라도
기쁨이라는 향기를
느끼게 해주는
향수 같은 물건입니다.

75.
자신을 사랑하세요.

도대체 자신을 사랑한다는 말이
무슨 말일까요?
쉬운 말 같은데 어렵습니다.
'자신을 사랑한다' 라는 것은
자신을 용서하고
"그럴 수도 있지"
자신을 있는 그대로 받아 들이며
"지금 이대로도 괜찮아"
자신을 응원하는 것입니다.
"잘하고 있어"

76.

엘리베이터에 혼자 있고
거울이 있거나
내 모습이 선명하게 비치면
손짓과 함께 바라보면서
"너는 무엇이든 할 수 있고
너에겐 그럴만한 자격이 있다"
라고 말해 보세요.

웃음이 나옵니다.

기분좋은
생각습관

기분 좋은 생각의 구체화 정도(1)

당신이 기분이 좋게 느껴지는 선까지
구체적으로 상상하십시오.
당신의 기분 좋은 느낌 내에서
구체적이 되십시오.
하지만 부정적인 감정이
느껴지기 시작한다면
너무 구체적으로 생각하지 마십시오.
중요한 것은
당신이 구체적이 돼야 하는지
아니면 포괄적이 돼야 하는지에
관한 것이 아닙니다.
당신이 하는 생각의 방향입니다.
당신이 지금 추구하는 것은
기분 좋은 느낌을 주는 생각들입니다.
따라서 기분 좋게 느껴지는
생각들을 찾아내십시오.

구체적인 생각의 좋은 점은
더 기분이 좋아지기 때문이었다.

77. 해변에 가서 누워서 바다를 바라보세요.

간단한 음식이나 맥주를 먹기도 하고
누워서 책도 읽어보고
모래사장의 감촉도 느껴보고
좋아하는 음악도 들으면서
바다도 보세요.

78. 잘 때 클래식이나 가사가 없는 음악을 들어보세요.

아름다운 선율의 클래식은
물의 결정을 아름답게 합니다.
사람의 몸은 70%이상 물로
구성되어 있습니다.
자면서 우리는 아름다워질 수 있습니다.

79.
잠자리에 누워서 보이는 천장에
기분이 좋아지는 사진을 붙여보세요.

누워서 잠들 기전, 일어나자마자
즐거운 그림을 그릴 수 있습니다.

80.
헤어샵에 가서 내가 원하는 대로
머리카락을 자르거나 염색, 펌을
해보세요.

반드시 그날은 기분이 좋아집니다.

기분 좋은 생각의 구체화 정도(2)

삶에서 작은 것들은 이룰 수 있다고 느끼는 많은 사람들이,
보다 더 크고 거대한 것들은 이룰 수 없다고 느끼는 이유는
아예 생각을 해보지 않았거나 생각을 했다 하더라도
좋은 느낌이 동반 되지 못했거나, 기분 좋은 생각을 했다 하더라도
순수하게 꾸준히 못했기 때문입니다.
그리고 그들은 앞으로 자신이 이룰 수 있는 것들이라고
생각하는 것들을 자신들이 지금까지 이루어왔던 것들에
한정시키고 있기 때문입니다.
1억원을 성취하는 사람이 자신의 시간으로 한정 시키게 되면
절대로 10억을 성취 할 수 없습니다.
왜냐하면 10억 성취하는 사람이 자신보다 10배의 시간을
더 일하지 않기 때문입니다.
10억원을 만드는 일이 1억원을 만드는 일보다 더 어려운 것이 아닙니다.
당신은 단지 최종 결과만을 상상하고 구체적인 세부사항들은
스스로 알아서 이루어지도록 놔두는 것도 좋은 방법입니다.
당신이 원하는 행복한 최종 결과들을 향해 곧장 달려가셔도 됩니다.
빙빙 돌아야 된다고 말하는 사람들을 믿지 마시고 자신을 믿으십시오
바라는 것이 무엇이건, 자신이 이미 그것을 성취했다고 상상하십시오.
그러면 그처럼 기분 좋게 느껴지는 상태로부터, 당신은 그러한 결과를
가져다 줄 구체적인 생각들, 사람들, 사건들, 환경들을
모두 끌어 당기게 될 것입니다.

계단을 잘 올라가는 방법을 알아서가 아니라

내가 원하는 것이 계단 끝에 있다는 것을

알기 때문에 즐겁게 첫발을 내디딜 수 있는 것이다.

81.
어떤 생각을 하다 기분이 좋아지면 그 내용을 기록해두세요.

어떤 내용이든지 상관 없습니다.
그리고는 책상 앞에 서서 붙여보세요.
한 번씩 읽어 보면서 기분 좋아져보세요.

82.
당신이 어떤 것이든 매일 하는 것이 있다면 그것을 잘 하고 있다고 스스로를 칭찬해보세요.

아침에 일어나서 매일 물을 마시는 당신을 칭찬하고
매일 헬스장에 가서 운동하는 당신을 응원하고
꾸준히 일찍 잠자리에 드는 자신을 격려해보세요.

83.
다수의 의견도
틀릴 때가 많다고 생각해보세요.

다수가 안 된다고 하면 주눅들기 마련입니다.
그래도 한 번 정도는 시도도 해보겠지요.
그럴 때, 기대하는 때에
그 일이 이루어지지 않는다고
실패라고 생각하거나
그들의 의견이 맞았다고 여기지 마세요.
오히려 훨씬 좋은 결과가
다가오고 있는 중이라고 생각해보세요.

84.
물은 항상 근처에 두고
조금씩 마셔보세요

물을 마시며 '나의 강력한 에너지원이다'라고 생각해보세요.
세상에서 가장 진귀한 영약이라고 여겨보세요.

기분 좋은 생각 습관(1)

언제나 당신은 자신이 생각하고 있는
바로 그것을 자신의 경험 속에서
느끼게 됩니다.
다른 사람들이 지금 당신을
있는 그대로 인정해주지 않는다 할지라도,
여전히 당신이 자기 자신으로
존재할 수 있을 때, 그럴 때
당신은 자신이 기분 좋은 생각이
습관화 되어 조화를 이루고 있음을
알게 될 것입니다.
타인들이 인정하지 않더라도
당신은 여전히 자기 자신으로
존재하면서 자신에 대해
그들이 어떻게 생각하든
기분 나쁜 감정을 느끼지 않을 때,
당신은 기분 좋은 생각 습관을
성취한 것입니다.
당신이 이루고자 하는 것을
좀 더 명확하게 결정을
하고 느끼는 일입니다.

그러면 그대로 됩니다.
당신이 자신이 원하는 것에만
주의를 집중하는 것은
곧 타인들이 그들 자신이 원하는 식으로
존재하도록 당신이 타인들을
도와주는 과정이 됩니다.
자신이 원하는 것들에 대해
정확하게 알고 있을 때,
당신은 자신을 '억지로'
밀어붙이지 않아야 합니다.
저절로 그렇게 되기 때문입니다.
기분 좋은 생각이 습관이 되면
그것은 간단히 쉽게 이루어집니다.
왜냐하면 당신은 자신이 진정 원하고
소망하는 일들과는 관계가 없는
그 모든 것에 대해 흥미를
느끼지 않게 될 것이기 때문입니다.

나는 지금 나의 기쁨을 의도한다.

85.
맥도널드에 가서 먹고 싶은 데로 마음껏 먹어보세요.

햄버거, 감자튀김, 아이스크림, 쉐이크, 탄산음료, 커피 등등
마음 가는 대로 주문하고 드세요.
단, 살이 찌면 어쩌나
몸에 안 좋은 영향을 미치면 어쩌나
남으면 어쩌나
너무 돈을 많이 썼나
다른 사람들이 비웃으면 어쩌나
너무 배부르면 어쩌지
이런 생각 없이 오로지 즐겁게만 먹을 수 있다면 말입니다.

86.
선글라스를 하고 태양을 바라보며 윙크해보세요.

햇볕이 아주 좋은 날 선글라스를 하고
경쾌하게 걷다가 문득 하늘을 바라보고
태양을 향해 윙크를 날려보세요.
고맙다 태양아

기분 좋은 생각 습관(2)

다른 모든 사람들의 경험들을 통제하려 하지 말고
(당신이 아무리 열심히 노력해도 그것은 불가능합니다.),
대신에 그런 경험들에 자신이 참여할지 말지를 선택 하십시오.
그리고 자신이 경험하길 원하는 삶에 대한
명확한 이미지를 마음속에 그려보게 되면,
기분 좋은 생각 습관이 당신을 그러한 삶으로
즐겁게 기쁘게 안내해 줄 것입니다.
자기 자신에게 좋은 기분을 느끼지 않는 것이야말로 일반적으로
당신이 기분 좋게 느끼지 않게 되는 원인입니다.
보통 자신이 가진 어떤 부분을 인정하지 않는 사람은,
타인에게서도 똑 같은 부분에 주목을 하게 되며,
그것 역시 마찬가지로 인정하지 않습니다.
따라서 자기 자신을 먼저 받아들이고, 인정하고, 감사하고,
기분 좋게 느끼는 일이야말로 당신이 기분 좋은 생각을
습관으로 만드는 첫 걸음입니다.
당신이 다른 사람의 어떤 모습으로 인해 기분 나쁜 감정을 느낄 경우,
그것은 그의 부족이 아니라 당신의 부족인 것입니다.
따라서 당신이 오직 자신을 기쁘게 만드는 것들만 보겠다는
기분 좋은 생각을 꾸준히 해서 습관이 되면, 당신은 오직 그런 것들만
보기 시작할 것이고, 당신이 하는 모든 경험들은
긍정적인 감정을 불러일으키게 될 것입니다.

87. 참지 말아보세요.

세상에 반드시 참고 해야 하는 일은
없다고 생각해 보세요.
하기 싫은 일은 하지마세요.
단,
부정적인 생각을 계속 하지 않는 것
긍정적인 생각을 꾸준히 하는 것
즉 기분좋은생각을 계속하는 것만 참고 해보세요.
그것이 진정한 인내심입니다.

88. 화장실 변기에 앉을 때마다 책을 1페이지만 읽어 보세요.

볼일 보고 나올 때마다 기분이 더 좋아집니다.

기분 좋은 생각 습관(3)

당신의 기분 좋은 생각에 위협이 되거나
위험하게 만드는 그 어떤 존재도 없습니다.
왜냐하면 당신은 자신이 하는
경험의 주인공 이기 때문입니다.
'나는 나인 그것이며, 나는 다른 모든 사람들이
그들 자신인 그것이 될 수 있도록 기꺼이 내버려두겠다.'
당신이 자신의 아이에게
가장 가치 있는 도움을 주고 싶다면,
오직 당신이 원하는 것들에 대해서만 생각을 하십시오.
그러면 그 아이는 당신이 원하는 그러한 생각들만을
전달 받게 될 것입니다.
이것은 기분 좋은 생각습관을
물려 주는 일이 될 수도 있습니다.
기분 좋은 생각 습관은,
당신 자신이 선택한 것들로
자신을 둘러싼 세계를 이룰 수 있도록 해주며
다른 사람들도 역시 그들이 선택한 방식으로
각자 자신의 세계를 이룰 수 있도록 해줍니다.

89. 자신에게 이야기해보세요.

너는 어쩜 그렇게 잘 웃니?
이번 과제는 정말 잘했어!
괜찮아 잘하고 있어
힘내
결국 잘될 거야
너는 그럴 자격이 있어
나는 너를 믿어
자신과의 대화를 하면
혼자 있어도 즐거울 수 있습니다.

90. 지금 기분 좋다 생각해보세요.

세상에 수많은 사람들, 책들에서
기분 좋다고 생각하고 살아보았더니
쓸모 없더라고 이야기하는 내용을
찾을 수 있었나요?
계속 웃고 살았더니
결국 피해만 입었다고
말하는 사람을 보셨나요?
당장 기분 좋다고 생각해보세요.
실험을 해보세요.
손해 될 것이 하나도 없습니다.
무조건 꽝이 없는 복권을
왜 안 주우시나요?
말해보세요.
"정말 기분 좋네^^~"

91. 실패하기가 너무나 어려운 목표를 정해보세요.

매일
자기 전에 거울 보고 한번 웃기
일어나서 "고맙습니다" 한번 말하기
윗몸 일으키기 한번 하기
당신은 긍정적 변화의 소용돌이에 발을 내딛게 됩니다.

기분 좋은 생각 습관(4)

다른 사람들이 무슨 일을 하고 있건 관계없이
당신이 자신의 균형 상태와 기쁨을
유지하게 해주는 것이
기분 좋은 생각 습관입니다.
일단 당신이 기분 좋은 생각 습관을
통해 '긍정적이고 기분 좋은 감정을
주로 느끼는 존재'가 되고 나면,
지속적으로 당신은 위쪽으로 위쪽으로
상승해나가게 되는데,
당신을 끌어내리거나
균형을 잃게 만드는
부정적인 감정이 더 이상
당신에게 없을 것이기 때문입니다.
뒤쪽으로 역행하지도 않으며
당신은 언제까지나
경이롭고 영광스럽게
앞을 향해 전진해나가고
위쪽을 향해 상승해나가게 될 것입니다.

기분 좋은 생각을 하면
기분이 좋아진다

에필로그

기분 좋은 생각 습관화의 방법은 너무나 다양합니다.
쉽게 말하면 공부하는 방법만큼이나
결국 핵심은 '기분 좋은 생각을 지속적으로 해라'입니다.
정말 쉽죠.
세상의 엄청난 것들 중 복잡한 것은 아무것도 없습니다.
당신이 여기를 순서대로 읽고 왔다면 반은 성공한 것입니다.
마음이 가는 대로 여기까지 왔기 때문이지요.
책 한번 읽어서 변하는 경우는 극히 드뭅니다.
11번 읽게 되면 이곳의 메시지들의 이해도가 높아지는 것이 아니라
당신 자신의 기쁨과 다시 만나고 있는 자신을 바라보게 될 것입니다.
하루 아침에 바뀌기도 하지만 대부분은 그렇지 않습니다.
그것이 우리에게 더욱 즐거움을 주지요.
만들어가는 과정이 얼마나 기쁨을 주는지
당신은 어릴 적 블록 놀이를 하면서 소꿉장난을 하면서
느꼈던 다 아는 내용입니다.
여기에 새롭고 획기적인 방법은 하나도 없습니다.
살펴보다 보면 이상하게 마음에 들어오는 방법이나
문구, 내용이 있을 것입니다.
그 마음이 가는 대로 하십시오.
수 많은 방법 중에 너무나도 꼭 맞는 것을 찾을 필요도 없지만
억지로 할 필요도 전혀 없습니다.
제가 하라고 한다고 해도 하지 않을 거 압니다.

그러면 왜 이 글을 쓰나요?

하고 싶어하는 사람이 분명 있기 때문입니다.

그 사람이 당신이기를 바라고 응원합니다.

비 오는 날 선글라스를 하고 나가보세요.

비가 아름답게 내린다고 생각해보세요.

"나는 드디어 비 구름 위에 여전히

태양이 빛나고 있음을 보게 되었다"

바로 당신의 기분 좋은 생각입니다.

왜 11번 인가?

1+1=0

첫 번째 1= 그냥 나

두 번째 1 = 진정한 나

0 = 조화로운 나

현재의 그냥인 나 가 11번을 읽고 나면

진정한 나를 만나 조화로운 나가 될 수 있기 때문입니다.

당신이 누구신지 저는 모릅니다.

하지만 한 가지는 확실히 압니다.

당신은 그 자체로 가치있고 훌륭하며 자신의 삶을

누리고 즐겨도 되는 소중하고 중요한 존재임에 틀림없습니다.

당신의 기쁨과 자유, 성장을 항상 응원합니다.

"고맙습니다! 그대 삶의 주인공이여"

행운을 담아 Tommy Luck

나만의 기분좋은생각습관을 써보세요.

나만의 기분좋은생각습관을 써보세요.

Write your own pleasant thought habits.

Epilogue

Please wear sunglasses on a rainy day.

Think that the rain is falling beautifully.

"I finally saw the sun still shining above the rain clouds"

It is your 'pleasant thought'.

Why 11 times?

1+1=0

First 1 = 'Just me'

Second 1 = 'true me'

0 = 'harmonious me'

If I read 11 times now,

I can meet 'true me' and become 'harmonious me'.

"I do not know who you are.

But one thing is for sure.

You are, in itself, valuable, wonderful, and important."

I always support your joy, freedom, and growth.

"thank you! Soul ~ the main character of life "

Good luck

Tommy Luck

88

Try to set goals that are too difficult to fail.

everyday
Before you fall asleep, look at the mirror and smile once.
Get up and say "Thank you" once
Go to sit-up once

You will step into the swirl of positive change.

86. Talk to yourself.

"You laugh too well"

"I was really good at this assignment!"

"It's okay."

"cheer up"

"It'll be fine in the end"

"You deserve it"

"I believe you"

If you have a conversation with yourself,
 you can have fun even if you are alone.

87. Now think 'I feel good'.

Have you been able to find someone or a book that tells you that it is "no good to think that it feels good"?

Did anyone say 'Do not laugh while you live'?

Now think 'I feel good'.

Smile right now.

Try experimenting.

There is nothing to lose.

Do not you want to do that?

Do not.

Just do not laugh and feel good.

Then, in the end, the pleasant days of laughing will not come to you.

Because 'pleasant feeling and laughter' does not remember you.

83. Try winking at the sun.

On a very sunny day,
while wearing sunglasses and walking lightly,
look at the sky and wink at the sun.

Thank you Sun!

84. Do not be patient.

Imagine that there is nothing in this world
that you should be forced to do.
Do not do anything you do not want to do.

only,
Keeping your positive thoughts steady
You do not constantly think negative thoughts
Just keep on thinking
that you continue to feel good.

That is genuine patience.

85. Please read only one page each time you go to the bathroom.

After using the toilet, you will feel better.

81. Think of the 'bad words someone says to me' as praise.

By you refusing to be hurt
by their words or actions,
they will never be able to achieve their purpose,
and you will gain a positive reinforcement.

Think that
they are trying to find the opposite side
because you have what they do not have.

82. Go to McDonald's and eat as much as you like.

Order and eat as you like,
hamburgers, fries, ice cream,
shakes, soda, coffee and more.

but,
'If the weight increases?'
'What if my health deteriorates?'
'Should I eat everything?'
'Was it expensive?'
'What if other people laugh?'
You must eat happily without thinking of it.

79. Always keep water nearby and drink a little.

Think of it as 'my powerful energy source'
when drinking water.

80. When someone makes a request, please refuse politely.

When you receive a request,
you can intuitively know
whether it is a pleasant thing or not.

If you are worried
about accepting the request,
please refuse it politely and decently.
You will feel better.

Also, you gave the person a chance
to find a more appropriate person.

76. Write down what you feel when you feel better.

It does not matter what it is.
Often it will make you feel betterwhen you read it.

77. If you have anything you do everyday, praise yourself that you are doing it well.

If you get up in the morning and drink water every day,
praise yourself
If you exercise every day, cheer yourself up
If you always go to bed early, encourage yourself.

78. Think that the majority of opinions are often wrong.

If many people say you can not,
you're going to get scared.
But you can try it once.
At that point,
When you expect,
Even if you did not achieve
what you wanted,
do not think that you failed
or that they were right.
Rather, think that the better results
are coming to a better point.

74. Think of it as a gift when you arrive at your appointment place earlier than the other person or when the other person is late.

It can be a small gift to you.

At that time,
if you read a book,
process emails on your cell phone,
listen to your favorite songs,
enjoy the beautiful sights around you,
or discover the smiles of passersby.

75. If you feel a little tired, lie down and relax.

It is good to take a nap.
(In less than 20 minutes)

Or just keep your eyes closed
and do not force yourself to sleep.
It's okay to lie down and listen to music.

71. Listen to classical or lyric music while sleeping.

Beautiful melodic classics
make beautiful water crystals.
A person's body consists of
more than 70% water.

We can be beautiful while we sleep.

72. Try to attach a photo that makes you feel better on the ceiling above the bed.

As soon as you fall asleep
and wake up,
you can imagine a pleasant picture.

73. Go to the hair shop and cut or dye your hair as you like.

The day will feel better.

68. Drink 100% fresh fruit juice.

Please drink in the morning if possible.

69. Think of the unintended sound of music as a short performance for you.

Music from the street shop,
Music sound leaking from the earphone
 of the person sitting next to you on the subway
A song someone is lightly singing

Do you think it's noise?
Do you think it is a 'beautiful sound' for me?

Your choice is the answer.

70. Lay down on the beach and look at the sea.

Drink beer.
Read the book in the background of the sky
Feel the texture of the sand on the beach.
Listening to your favorite music
Look at the sea.

66. Walk lightly.

Walk lightly and cheerfully
as if you are walking in the sky.

Like the way to meet the person you love
Like going to see a movie I wanted to see
Like a way to get a gift

Then pleasant thoughts come to you.

67. Go to a pub with a lot of exciting music.

Have fun with your favorite people there.

If you are alone,
drink a beer and read a book
with pleasant music.

You may be ashamed of yourself
as you read a book
while shaking your body lightly.

But no one will drive you away.
Please try it.

64. Love yourself.

What does it mean to love yourself?

It sounds like an easy word.

I forgive myself
"Things like that happen, too"
Accept me as it is
"It's all right now."
It is to cheer me.
"I'm doing well"

65. When you are alone in the elevator and you see yourself in a mirror or glass window, point it at your hand and say, "You can do anything and you deserve it."

At first, laughter comes out.

62. Do not try to be recognized by others.

It is a great pleasure
to be recognized by someone.

However,
if you want to be recognized
by everyone and everything,
you will no longer be happy.

Because my existence is controlled by others.

For example,
in order to feel that the ice cream I eat is delicious,
someone else should eat it and say it is delicious.

63. Take one of your favorite things.

There are things that make you feel better.

Rings, bags, necklaces, notebooks,
small mirrors, key chains, small dolls, etc.

It is a perfume-like thing
that makes you feel the scent of joy.

60. Tell your favorite phrase when you exercise.

For example,
when you exercise with dumbbells,
try saying 'I can do it'.

When you breathe or struggle
 while swimming, try saying
'I will surely do it' in your mind.

Strangely,
you will be empowered and feel better.

61. Think that some or all of your words, actions, and thoughts may be inadequate or criticized by someone at any time.

Because everyone's words, actions
and thoughts can not be the same.

If you think that such a situation can occur,
you may feel less negative emotions
in real life situations.
And you can quickly recognize that
you and someone else can be different.

57. Think that you can afford to live in comfort.

Do you think that if you live like this now,
you can not live free and comfortable?

If so, live differently now.

But do not you want to do something different now?

Then you can not live free and comfortable.

If you continue to enjoy the idea
that you can live freely and comfortably
in your present life,
you can live freely and comfortably.

58. When you brush your teeth, look at the note that you like.

You can attach a note to the mirror.
What do you think
while brushing your teeth?

59. Keep the hairstyle you want.

Be proud with your brilliant hairstyle.

54. Write a good schedule long.

Write it short, except your favorite schedule.

All schedules can be fun, but not always.

Be more interested in a pleasant schedule.

55. Take a bath every day.

If possible, go into the bath every night.

The fatigue of day
piled up in body and mind disappears,
Your weight will be perfect.

56. Try to make your driver's license photos smile.

When you reissue or renew
your driver's license,
please use a photo
that shows your teeth while smiling.

It will still be issued.

51. Take a look at the card or letter you received.

If you read it,
you can smile and find people
you want to see again.

Please contact them.
Meet them.

In the list of 'regrets before you die',
'I have not met friends often'
is in a high position.

Tell them "I missed you".

52. Try changing your wallet to a new one.

If possible, try purchasing
a light brown wallet every three years.

53. Pray for the success and happiness of those who dislike.

You will be able to get
the maximum return
on your mental investment.

49. Say "thank you" to your family.

Tell your parents this.
"Thank you because my mother is my mother"

If you have children
"Thank you so much for being my daughter"

The family is a thankful person for 'existence' itself.

50. As soon as you open your eyes in the morning, be grateful for the day that begins.

Nothing is for granted.
Every morning is refreshing and joyful
as the morning of the trip.

Morning is the moment to receive a gift.

46. Hold your favorite book in your hand.

You have a favorite book without any special reason.
'I like the title'
'Design is pretty'
'Color is wonderful'

You may think that books must be read.

Do not try to read books.

Just carry a book.

But at some point in your mind,
just open the book lightly.

One page of that moment,
a sentence, can give you joy.

47. In the list of tomorrow's things to do, write "just play with your mind."

48. Encourage yourself to knock your chest with your hands and say, "You are doing well."

44.
If you can not do a 'Pleasant thought'
and you are troubled
or you have a complicated mind,
try sleeping.

Just sleep with quiet music.

45.
If items ordered online arrive late,
think about extending your enjoyment
before you receive the gift.

42. Grab the hand of your loved one and walk.

Do not make a loved one only
as someone who walks hard together
for any purpose.

Just hold the hand of your loved one
and laugh and share your joy.

Just as the trees are heading for
the sun and sky
without any effort
without any purpose.

43. Look at the mirror and smile.

My appearance in the mirror
may be awkward.

Take care of who is standing there
and what face you are.

He is such a precious being
who can do anything
and is ready to feel the joy right away.

Can not we just smile?

40. Give your satisfaction a higher priority in relationships.

It is okay to do so.
Please allow your loved ones to focus on their satisfaction.
You also focus on your satisfaction.

Talk about what you want to do with each other.

When I am satisfied, it is no surprise that
a loved one satisfies me.

41. Lie down in bed and imagine joyful things you want.

Imagine what you can smile
by defeating the worries of tomorrow,
the bad things that happened today,
the unpleasant news on your cell phone,
and so on.

By 'smiles' are built.

38. Sometimes go to a restaurant and do not check the price of the food.

Just order what you want to eat.

You are worth it.
Please reward yourself.

When choosing an 'experience',
decide whether you want to do the 'experience'
rather than considering
your surroundings or your financial ability.

39. Talk a lot about what you like.

We talk a lot about what we hate than we like.
Try the opposite.

For example
"I hate to arrive later than the appointment time"
Do not say this way.

Say it like this:
"I like to arrive a little earlier than my appointment time"

37. Recognize 'selfishness'.

We have been forced
or educated to be altruistic.

Neither selfish or altruistic
is bad or good.

It can be a problem
when you concentrate a lot
in one direction.

Before another person exists,
there must be a person named 'I'
so that another person can exist.

In the end, it seems okay
to harmonize with egoism and altruism.

But the main character is 'me'.

34. Put on your favorite shoes.

Among the various shoes,
there is a shoe that I like and feel good.

Leave only your favorite and frequently used shoes on the shoebox.

And keep your shoes shiny and polished all the time.

Your steps will be cheerful.

35. Try to wear bright clothes.

Yellow, pink, red, etc.
Try to wear bright clothes.

If the clothes in the closet are all dark,
you may find a shadow of darkness
in your life.

36. Before you start the day or enter a new time unit, say or think, "I will see, hear, speak, think, feel and accept only what I want, what I like."

32. Think of someone who likes it from something you've seen.

Whether it's a beautiful landscape,
McDonald's toys or delicious food,
thanks to those who love it,
you can appreciate that
you can make more
meaningful and joyful thoughts.

And if it's a small thing,
you can buy it for a present,
or if you have a landscape,
take a picture and send it to him.

33. If the shop staff you are visiting are friendly and smiling, please say, "Thank you for talking kindly."

Or say "Thank you" and smile a lot.

30. Try putting a lot of cash in your wallet. And enjoy shopping with your thoughts.

When you actually shop,
it gives you once more fun,
but shopping with your mind
gives you joy every time
as the number of possibilities
you can afford with that
amount of cash in your wallet.

Both "real shopping" and "thought shopping"
are similar in the joy of the moment.

31. Just think or say "pleasant thought habit".

Just try it.

28. I often get exposed to my favorite natural landscape.

Place with water,
Lawn, park, backyard garden
Anywhere is good.

However, do not go to nature
to sympathize with my feelings
of depression or despair.

If possible, do not go
to the lake, river or sea at night.

If you go near the water in bright sunlight,
you feel better.

29. When you hear music and enjoy it, increase the volume and dance lightly.

You can just shake it
rather than dance.

It's fun.

Music is one of the great items
that make you feel better.

25. Try to remember your childhood wishes.

There are obviously things
you really wanted to do when you were a child.

Among them, there are more things
you can easily do than you think.

For example, goldfish breeding,
Eat ice cream unlimited, etc.

26. Please applaud the other person while you are having a conversation.

When you praise or cheer your opponents
in a conversation, please clap them lightly.

Both will feel better.

27. When you meet someone, think about what to praise.

Most people focus on finding
material for criticism, evaluation, and advice.

Praise is like a sweet apple.
There is also taste and nutrients.

23. Think that there is no failure.

Think that there are no failures
but only small successes.

What if you received
a rejection notice from a company
you applied to get a job?

It's not a failure,
it's a little success
that I found that
the work of the company and I
are not so harmonious.

24. Do not do anything you do not want to do.

Instead, do something you want to do
more than you did not want to do.

21. Drink well.

In particular,
only accept the merits of alcohol.

A moderate drink adds a lot of pleasure
and revitalizes your health.

It is most important to
drink with a smile.

22. Do not expect answers to your personal SNS, e-mail, or questions.

You have to be thankful that
there is something
you can communicate with.

If you receive a response,
please be more grateful.

After all,
you have no reason to feel bad.

18. Please support yourself that you are doing well enough now.

You are valuable, precious, and wonderful in itself.

The probability that you are born biologically is equal to the probability that lightning will hit you 300 times.

In fact, you are a miracle.

19. Try on my favorite clothes.

Do you wear it because it is in the closet?

Try to wear clothes that are totally pleasing to my joy, not clothes suitable for others or the environment.

Leave the clothes with the logo "Joy" on the closet.

20. Give yourself a message of support and encouragement in your own posts.

If you keep doing that,
you will meet you smiling.

15. Create your own treasure map

Do not think about how to find treasures, but print out a picture of your favorite treasures and put it in a visible place.
Whatever it is, if you feel better when you see it, attach it.
That's your treasure map.

The way to view treasure map is to imagine enjoying with treasure.

16. Try to think deliberately before entering a new or different time of experience.

Imagine that you will take a restful and sweet sleep just before you fall asleep.

If you are on the verge of meeting a friend, think first that you will have a pleasant and happy time with the friend.

17. Expect positive affirmation for everything

There is no bad thing in the world.
There are people who accept badly.

12. Take your love feelings.

Even if you do not have any purpose,
enjoy the feeling of love
for the people around you
lightly and cheerfully.

13. Do your favorite exercise.

The feeling of growing in the process of exercise is satisfactory and pleasant.

In addition health is a bonus.

14. Organize your space.

Cleaning your closet and desk or throwing away unnecessary things will make you feel better.

In particular, keep your wallet and bag clean.

10. Do not watch the news.

If you can not always smile
while watching the news,
not watching the news
will help you feel better.

Good news is rare.

If you think you need it, look at the news.

Watching the news
is very likely to be worse
than smoking a cigarette.

11. Listen to music that can make you feel better.

Noisy music or rap is also okay.
Instead, you should feel good when you hear it.

Any music,
if you feel better at last,
is okay.

9. Just as you are affectionate in your opinion, please accept others as they are.

The absolute right and wrong of any view,

and what you believe and do not believe, can only be chosen by you.

The opinions of you and others may differ.

But if you insist that your opinion is correct

"Why was your face so made?"

"That's wrong"

"My face is right"

This is the same thing.

You might think this.

'No, I am afraid that I will be affected if I leave such

a wrong opinion. So I refute that opinion.'

Yes.

It is not a problem of right and wrong.

In fact, you are afraid.

Fear is born because you do not know the essence of something.

The essence of that opinion is his idea.

Think of it as his opinion.

You are the only one who chooses your thoughts.

6. Feel the joy of giving.

Do you know "pleasure to present"?
Think of a gift that your loved one might be pleased with.
In that process, you are giving gifts to you.
Because it feels so good.
It's okay not to be special.
We have gifts that can be given to anyone, anytime, anywhere.
That is thanks and praise.
Tell someone you like.
"You are a very grateful person who made me know the joy of the gift."

7. When the weather is fine, let's open our arms and be happy.

A clear sky always gives a happy energy.

8. Let's reconsider the 'pleasant thing'.

We always do the opposite.

Thinking back to what it feels like can make you feel better quickly, but also get positive reinforcement.

5. Be a good news messenger.

Before you meet someone,
think about 'what good news do you want me to deliver'.

Or talk to someone constantly about
bad news, bad experiences,
stressful work, complaints, and fears.
If you keep doing that
One day you will see people around you disappearing.

'Good news' may be 'my pleasant experience'.
Or it could be useful information
about what you or someone else
was interested in.

If possible, tell a good story.
You and your opponent will both feel better.

4. Get up early in the morning and take your time for yourself in six different forms (six techniques).

(Feel without doing anything, Sound reading, Imagine, writing, Book view, Exercise.)

Feel without doing anything
Feel the joy and gratitude for starting a new day at a travel destination called 'District'.

Sound reading
Read the Accomplishment Statement and your favorite sentences aloud.

Imagine
Imagine joyful things about what you want
(imagine living in the house you want)

Writing
Write things you appreciate. (With about three new daily content)

Book view
Read books that inspire achievement (read two pages or one chapter)

Exercise
Exercise lightly (20 dumbbells, etc.)

If you do, you will really expect the morning and you may feel the pleasant feeling of the first day of travel.

You do not need to force six things, you can choose only what you like. If you are more interested, please refer to <Miracle Morning>.

2. When you hear a ridiculous or bad story from another person, acknowledge it as 'You can think that way'

This is ultimately respecting the other.

Everyone has his own point of view, and he usually uses too much energy to keep that point of view.

That point of view is your own, and only you can see it. Sometimes you may be imposing it on others without knowing exactly your point of view.

You do not have to fight against each other if you start accepting others' perspectives.

3. Just smile. Often

Smile for no reason.
It is said that the blessing comes when laughing.
Please read the book and smile.
Even if it is not funny, smile and laugh.

1. I say I am lucky.

When you say it, you automatically think about the reason.
Or you will get a smile.

When walking or going up and down the stairs,
say 'I'm really lucky'. then
Walking becomes a step of luck and the stairs
become lucky stairs.

"Easy" is "difficult" and "difficult" is "easy"

'Your change' can be done in one moment, but not in the most.
That gives us more pleasure.
You knew how delightful the process of making blocks
and playing sand in your childhood was.

There's nothing new and revolutionary here.

When you read this book, there will be a way, a phrase,
and a content that you like.

Follow your heart

Do not look for the perfect or obligatory among many methods.
You do not have to do everything.

Find one thing that will make you feel better.

If that one goes on and you feel better, the other parts
will start to change.
If one changes, that will change everything
in the direction you want.

Do not do it if you do not want to.
If I push "Do this!", Will you?

So why write this?
It is because there is a person who wants to do it.

I hope that he will become you and cheer you.

How to make a 'pleasant thought habit'

The methods are so diverse.
As much as how to study.

The key is to just keep on 'pleasant thought'.
It's really easy.
Nothing is complicated of
the great things of the world.

If you are reading this,
you have succeeded in the beginning of change.

Positive change starts
from the moment you are in mind.

The reason you are reading this book
is because you wanted it.
"Good job."

It is extremely rare that
you change your mind by reading a book once.

Reading 11 times
can be thought of as a process of
learning 'rules' before I play a fun game.

If you read eleven times,
you will see yourself again with your joy
rather than understanding this book well.

I feel good when I have a 'pleasant thought'

25. pleasant thought habit(4)

It is a pleasant thought habit that allows
you to maintain your balance and joy regardless
of what other people are doing.

Once you become a
'positive and pleasant emotional presence' through '
pleasant thought habits', you will continue
to rise upwards.
Because there is no longer any negative emotions
that can bring you down or make you lose balance.

You will not go backwards, and you will forever advance in
a wonderful and glorious forward direction,
and rise upwards.

'pleasant thought habit' is a 'win-win strategy'

pleasant thought habit(3)

There is no existence that threatens or interferes
with your pleasant thoughts.
Because you are the 'hero' of your own experience.

'I am that I am,
and I want everybody else to be their own.
I will gladly accept it. '

If you want to give your child
the most valuable help,
just think about what you want.

Then the child will receive only
those thoughts that you want.

The best legacy
you can give to a child
can be a "pleasant thought habit."

A "pleasant thought habit" makes
you feel surrounded by your own choices.
Likewise, others also help them
achieve their own world
in the way they choose.

23.

*Two trees, 'feel good' and 'feel bad',
grow up with steady thoughts.*

pleasant thought habit(2)

Do not try to control the experience of everyone else.
(No matter how hard you try, it's impossible),
Instead, choose whether you will participate
in such experiences.
And if you draw a clear image of the life you want
to experience, 'Pleasant thought habit' will delight
you with such a life.
The fact that you do not feel good about yourself
is generally why you do not feel good.
A person who does not recognize any part of his / her own
will usually pay attention to the same thing
to others, and he will not admit it.
Therefore, accepting yourself first, acknowledging it,
appreciating it, feeling good is the first step
in making you feel good.
If you feel uncomfortable with another person's words
or actions, It is not their lack, but your lack.
So if you keep your "pleasant thought" to see only what
makes you happy, and you become a habit,
you will start to see only those things,
and all the experiences you do will bring
positive emotions.

I now intend my joy.

22.

pleasant thought habit(1)

You will always feel it
in your own experience as you think.
Even if others do not recognize you as they are now,
when you can still exist as yourself,
then you will find that your pleasant thoughts
are habituated and harmonized.
Even if others do not admit you,
you still have a 'pleasant thought habit'
when you are still on your own and do not feel
uncomfortable about whatever they think of you.
It is important that you make more clear decisions
and feel what you want to achieve.
It is the beginning of 'pleasant thought habit'.
Focusing attention on what you want
is the process by which you help others
so that others exist in the way they want.
When you know exactly what you want,
you should not "push" yourself.
That's what happens on their own.
When a " pleasant thought "
becomes a habit, it is simple and easy.
Because you will not be interested in
everything that is not related to
what you really want and hope for.

21.

I do not know how to climb the stairs, but because
I know what I want is at the end of the stairs,
I can enjoy the first step.

The degree of materialization of pleasant thought (2)

Why do many people who feel they can achieve small things
in life feel that bigger and bigger things can not be achieved?
Because I have not thought about such a possibility,
or I have not been able to keep my thoughts of pleasant
form steady.
And they limit what they think they can achieve in the future
to what they have done so far.
A person who receives $ 1 million a year does not spend
ten times more time than a person who receives
$ 100,000 a year.
Creating 1 billion won is not more difficult than making
100 million won.
Making $ 1,000,000 is not more difficult than making
$ 100,000.
It's a good idea to just imagine the end result and allow
the rest of the specifics to take care of itself.
You can expect only the happy end results you want.
Whatever you want, imagine yourself already accomplished it.
Then from the state of being so pleasant, you will attract
all the specific thoughts, people, events, and environments
that will bring that outcome.

20.

*The good thing about the concrete idea
was that it made me feel better.*

The degree of materialization of pleasant thought (1)

Imagine specifically to the extent
that you feel good.

Be specific within your pleasant feeling.
But if you begin to feel negative feelings,
do not think about it anymore.

Whether you need to be concrete
or comprehensive is not important.

The key is the direction of your thinking.

What you are seeking now is the thoughts
that give you a pleasant feeling,
so please find ideas that feel good.

Freedom comes from you.

19.

'Pleasant thought' is freedom.

You do not need to prove anything
to anyone by speaking.

Just make sure that your being,
the look of life itself,
is a sure example of uplifting others.

You do not need to try to understand others
that you want or desire is right.
Because whatever you want it is appropriate.

You have a loading time.
Your thoughts are not immediately realizable.

That's why you have the freedom to make small
adjustments to your life.

If you live in a world that is realizing right away,
you will spend more time dealing with
things you have inadvertently obtained
rather than getting what you want.

18.

*True patience focuses on
positive, pleasant thoughts.*

The speed of realization of pleasant thought.(2)

If something you want is slow to come to you,
the reason is that you are now thinking longer about
the absence or lack of it than the fact that it is.

If you are constantly imagining
what you want
in a pure and steady way,
it will surely and quickly come.

Please recall your thoughts, words and gaze
from the reality before your eyes.
And, let's head for "what you want".

If you want something beyond your present,
or if you want to accept something new in your life,
you must be able to take your thoughts
beyond the 'present situation' in front of you.

Usually patience is used and recommended
to mean basically a lot of time to accomplish.
But if you do not back up and move forward,
you will get to your desired destination very quickly.

Doing so will not require patience.

17.

*Repeat anything,
someday it becomes part of you.
- Top Hopkins -*

The speed of realization of pleasant thought.(1)

If you continue to focus on one thing you want,
your mind will become much stronger than
it would be wandering around.

There is great power
in focusing the thought.

Most people do not intentionally lead
their thoughts toward what they really want.

They are simply observing everything
in the environment they are given.

You can speed up the realization of it
by simply having more interest and intent on something.

A thought that is not accompanied by strong emotions
can not bring it into life quickly.

> *Your imagination is your preview of life's coming attractions.*
> *- Einstein -*

16. Practice of a pleasant thought (Imagination)

Imagination is intentionally focused to bring
about pleasant emotions.

Imagining is a combination of visualization and a good feeling.

'Imaginative' itself is very fun and enjoyable just like play,
and when it becomes a habit, all kinds of examples that will be
a good example to you will start to emerge.

Imagine yourself in your imagination, imagine yourself
living in the way you want to be, and imagine yourself
surrounded by your favorite things.

Do not even think about things you do not want.
Think about the things you really want to get in your life.

15.

Auditing is the present joy that brings together the past and the future with pleasure.

Practice of a pleasant thought (thanks)

One of the ways that you intend to feel good is to think of
yourself as thankful It is to ponder the good things of important things.
Every time you repeatedly think about what you appreciate,
its details will become more detailed. Also, the more you think through
more time, the more you will feel about the appreciation.
Your gratitude is what makes other feelings better.
Why do you feel good when you are thankful?
Because it is a gift for the object of appreciation and for yourself.
The idea of being thankful is also important to accomplish
what you want.
Do not start with 'Insufficient' to achieve what you want.
Always start with "Sufficiency".
Nobody starts with sand when making a snowman.
A lot of people want money but they are not rich because
most people start to think that they want money from a
"lack of money".
Be grateful for your present money and then have a pleasant
thought that comes from having more money.

"what! I do not have enough money now "
Do you really think so?
So you are not rich.

This gratitude is a joyful beginning to accomplish what I want.

14.

A wise man finds everything in himself,
but a fool is found in others.
- Confucius -

My experience is all mine.

Others do not make your experience.
Everything you do.
Everything is your responsibility.

Many people are still not clearly
setting conscious intentions
because they do not know that
the main character of
their experience is himself.

You can not make the experience of others.
Because you can not feel their feelings.
And the feeling they emit
is their "thought energy".

Everything can be a good experience
because your experience is yours.

13.

*"Whatever I do with someone,
my main intention is to find only what I like."*
- Abraham -

Intend for a pleasant thought

Being more conscious and intentional
about what you want, and having a positive
interest in your feelings,
it is a "pleasant thought intent."

Every act you are doing is for joy.
There are no absolute invariant rules
that include a list of right and wrong things and everything.
The reason is that you are constantly changing
and pursuing growth.
If there is only one that exists,
there is only what you want and do not want.

If you feel uncomfortable feeling
while doing something yourself,
stop it immediately and
concentrate on something
that feels a little better after a while.

12.

*It should not be a desperate desire by lack,
but a pleasant desire for growth.*

Begin a pleasant thought rather than an action(2)

Imagine that it has already taken place,
rather than jumping into action to get the results you want.
That is 'Pleasant thought'.

You did not want to achieve through physical action.
The original idea you had about the action
was that you would use it as a way of enjoying what you
achieved through your own thoughts.

Behavior inspired by harmonious thoughts is a joyful act.

Once you become more proficient in doing intentional
pleasant thoughts through practice, there will not
be so much "action" that you have to do to accomplish.

Someone has got what they desperately wanted,
but it may not be very good.
The reason is that I do not think more time about what I want,
and I could not afford to wait until those thoughts became
their main good feelings.
That is a diligent act that is not accompanied
by pleasant thoughts.

Such behavior is just busy.

11.

*Do not act,
without a pleasant thought>*

Begin a pleasant thought rather than an action(1)

Behavior is an important component in our world,
but what we are accomplishing
is not what we are doing through our actions.
Whether you plan through steady thoughts,
Or if you have positive expectations
and beliefs about the idea being done,
The actions you need to accomplish
what you want will be fewer
and the behavior will be much more satisfying.
But if you do not have enough time
to sort out your thoughts like that,
you will need more action
and the results will not be as good.
You can act.
And it is the sweetest part
you can taste in this world where you live now.
But you never thought
that you would achieve through physical action.
'Action' was originally intended to use the body
to delightfully enjoy the things that he had
accomplished through his thoughts.
If you are doing something
and it is not a joyful act,
you will never get a happy result.

12.

*It should not be a desperate desire by lack,
but a pleasant desire for growth.*

Begin a pleasant thought rather than an action(2)

Imagine that it has already taken place,
rather than jumping into action to get the results you want.
That is 'Pleasant thought'.

You did not want to achieve through physical action.
The original idea you had about the action
was that you would use it as a way of enjoying what you
achieved through your own thoughts.

Behavior inspired by harmonious thoughts is a joyful act.

Once you become more proficient in doing intentional
pleasant thoughts through practice, there will not
be so much "action" that you have to do to accomplish.

Someone has got what they desperately wanted,
but it may not be very good.
The reason is that I do not think more time about what I want,
and I could not afford to wait until those thoughts became
their main good feelings.
That is a diligent act that is not accompanied
by pleasant thoughts.

Such behavior is just busy.

11.

*Do not act,
without a pleasant thought>*

Begin a pleasant thought rather than an action(1)

Behavior is an important component in our world,
but what we are accomplishing
is not what we are doing through our actions.
Whether you plan through steady thoughts,
Or if you have positive expectations
and beliefs about the idea being done,
The actions you need to accomplish
what you want will be fewer
and the behavior will be much more satisfying.
But if you do not have enough time
to sort out your thoughts like that,
you will need more action
and the results will not be as good.
You can act.
And it is the sweetest part
you can taste in this world where you live now.
But you never thought
that you would achieve through physical action.
'Action' was originally intended to use the body
to delightfully enjoy the things that he had
accomplished through his thoughts.
If you are doing something
and it is not a joyful act,
you will never get a happy result.

*Do not look for someone else to tell me why you feel good.
It is not their fault that
I am not feeling well because of others.>*

8. Think about other people (1)

When you think of everything that others have,
you are sending an invitation to all of them.

But if you think of only those things that you like best,
you will invite only what you like into your life.

When you practice to concentrate on your own pleasant
thoughts, You will notice at a very early stage when you
have relationships with others that what they are offering
is worthy or not to me.

When you make negative thoughts by others,
"it's their experience. I will not choose it. "Then,
Say goodbye to the idea of what you do not want.
And think about what you really want.

> *The misfortune of a wise man*
> *is far better than the prosperity of a dull man.*
> *- Epicurus -*

7. Thanks for the negative feelings

It's a negative thought that makes you feel bad.
Ask them two questions after you first acknowledge
that negative thinking can be done.

"What can I learn about here?"
"What do I really want in this regard?"

These questions will lead you to a positive thought
and the thought of what you want.

Negative feelings are neither right nor wrong.

Negative emotions can be a bad influence, but if you think
it is a useful signal to turn negative emotions into
positive emotions and pleasant feelings, it is the emotional
traffic light that tells you how you feel.

If you make good use of the emotional traffic lights
and change your mind very quickly from unwanted topics
or objects, your mood will start to get better and you will
stop you from feeling unwell .

6.

Positive imagination always wins solid will
- Emile Coue -

Why should I think about what I want?

Because I feel better.

That is, the idea of what I want is a good idea.

'What is happiness?' Will vary
from person to person
But
'Happy feeling' means
bright, light and exhilarating feeling,
It means a kind of sense
that 'everything is good
and everything is fine'.
It is a story that you can go to
a happy state by just thinking.
If happiness is expressed in
fresh and uplifted emotions
That feeling is because
you can feel it through thought.

After feeling 'happy feeling'
Imagine a situation in which
what you want is happening.
If the imagination is so clear and certain
You will have a feeling of joy and gratitude.

A pleasant thought->Bright, light and uplifting-> Feeling happy

Life grows and grows itself through the act itself.
It is always moving towards 'bigger and more state'.
- Wallace D. Wattles -

5.

Thoughts also grow.

Think about what you want
Have fun concentrating on what you want
So when you get it

You will not only benefit from your own achievements,
Because of the newly changed perspective
You will create your own new thoughts and intentions.

That is growth.

It is natural to grow and expand with more.
It is not wrong in itself.
Only the target to grow is different.

You grow the idea of what you like,
what you want and are happy with.

*At the Mind Bank, you
deposit a 'Thought of what you want' and
withdraw it as a 'good mood'*

4.

Deposit the idea of what you want in the 'Mind Bank'.

Think of most of the time you spend using it
to find what you want.
It's time to look for materials that will help you
decide what you want.
Next, you decide what you want to do,
You are totally focused on it with intent and attention.
Because it is more pleasant.

Of what you saw
If you like something
Remember or take notes.

No matter what you see,
If it's what you want to include in your life
Collect it all and save it on some kind of 'Mind Bank'.

If you are going to spend those times
with the intention of collecting such material,
Your day will be filled with fun and joy.

What you can think of is whatever it is in it.

3.
What should I think?
You can think of what you want.

If you do not know what you want
Books, trips, and
conversations with people can help.
There is a simple and powerful way
to find out what you want.

Keep thinking
"I want to know what I want."

Have you ever thought about what I want,
even half a day in my life?

2.

"I always feel like tap dancing."
- Warren Edward Buffett

Emotion is the expression of thought.

Your feelings are
the physical expression of your thoughts.

So pay attention to what your feelings
are rather than watching your thoughts.

You are always receiving signals
from subconscious.

The basic form of the signal
is the emotion you feel.

You should never worry about
the current situation
and the other's view of yourself,
Also, as you would expect,
You have to think more and more.

An indicator
that manages such thoughts is emotion.

Of course,
the way you want or expect
will bring you good feelings.

*The first step to becoming rich is to continue
to think about what you want to do*
- Wallace D. Wattles -

No matter what your current
television channel looks like,
you know you can easily
switch to the channel you want.

There are no exceptions.

The things you are experiencing today
are the result of your thoughts in the past.

The thoughts you are doing today
are reflected in your future experience.

Nothing is accidental in your life.

You are invited.
All of them.

1. Thought is an invitation

Thought →
Steady thoughts with good feelings →
Achievement

For example
You are going to the pool.
Where did this behavior begin?
It started with your idea of
going to the pool.
Prior to being able to experience something
 in my life,
You have to think about it first.

Your thought is the invitation,
and nothing comes without it.

Whether you want it or not,
you always get what you think it is.

You will get what you want constantly.
Likewise,
if you do not want it constantly,
you will also get it.

The word 'want' means to feel
a good feeling while concentrating on
something or thinking about something.

To summarize the success conditions promised in this book, it is 'repetition'. – Book 'How to thinks like a Millionaire'

A pleasant thought will bring you joy, freedom, and growth.
This book is about a pleasant thought that I want to share with you before I leave the world.
You can only change yourself completely.
Do you want to change yourself positively?
Read this book 11 times.
Then you will surely be in the direction you want.
You have three meals a day for physical activity.
Compared to such energy consumption, reading 11 times may not be so difficult.
There is nothing to lose.
I hope you will increase your joy and freedom.

From Tommy Luck

prologue

prologue

Welcome to Earth

You are a very lucky person.

This is because we have a wonderful trip here.

You are not here to make sure you do.

Let's think about going on a trip.

Is there anything I have to do at a travel destination?

Education, books and people around the world

It is said that there is something that is mandatory.

Moreover, you may be looking for such a thing.

But there is absolutely nothing to be done.

So what should we do?

You can do what you want.

It is easy if you ask why you should do what you want to do.

I feel better.

You might say that you do not want to do anything.

When you do, keep thinking about what you want to do.

Think about what makes you feel better.

A pleasant thought is your best joy, travel expense, and a free pass that travels by district.

Pleasant thoughts are important.

Joy thought